BESTSELLER

Dale Carnegie nació en 1888 en Missouri. Escribió su famoso libro *Cómo ganar amigos e influir sobre las personas* en 1936, ahora un bestseller internacional. En 1950 se creó la Fundación Dale Carnegie Training. Carnegie falleció poco tiempo después, en 1955, dejando su legado y un conjunto de principios esenciales que hoy forman parte de sus libros. En la actualidad, su fundación cuenta entre sus clientes con cuatrocientas de las empresas más importantes del mundo.

Para más información, visite el sitio www.dalecarnegie.com.

Cómo hacerse inolvidable
Una guía para convertirse en la persona que todos recuerdan y nadie puede resistir

Traducción de
Gabriel Zadunaisky

DEBOLS!LLO

Cómo hacerse inolvidable

Título original en inglés: *Make Yourself Unforgettable.*
How to Become the Person Everyone Remembers and No One Can Resist

Primera edición en Argentina: julio, 2014
Primera edición en México: julio, 2018

ISBN: 978-607-316-881-6
Impreso en México – *Printed in Mexico*

El papel utilizado para la impresión de este libro ha sido fabricado a partir de madera procedente
de bosques y plantaciones gestionadas con los más altos estándares ambientales, garantizando
una explotación de los recursos sostenible con el medio ambiente y beneficiosa para las personas.

Penguin
Random House
Grupo Editorial

ÍNDICE

Introducción 9

Capítulo 1. La energía inolvidable 13

Capítulo 2. La clase en una crisis 27

Capítulo 3. Inspiración, no imitación 39

Capítulo 4. Honestidad con honor 55

Capítulo 5. Escuchar: La herramienta
de comunicación clave 67

Capítulo 6. Principio apasionado 77

Capítulo 7. Clase y confianza 95

Capítulo 8. Empatía con (casi) todos 113

Capítulo 9. Crear seguridad en su equipo 127

Capítulo 10. Manejo del estrés 143

Capítulo 11. Paciencia con un propósito 151

Capítulo 12. Inteligencia más allá del intelecto 167

Capítulo 13. Resiliencia sin remordimientos 183

Capítulo 14. Consideración y reconocimiento
más allá del terreno en el que
se siente cómodo 201

Capítulo 15. Coraje, la contracara del temor 219

Capítulo 16. Dinero y clase 237

Capítulo 17. *Don't Worry, Be Classy*
(No se preocupe, tenga clase)* 265
Capítulo 18. Logros, productividad y más allá. 285
Epílogo 297

---

* Juego de palabras con la letra de una canción popular: *Don't worry, be happy* (No se preocupe, sea feliz). *(N. del T.)*

INTRODUCCIÓN

Hay muchas probabilidades de que usted ya esté familiarizado con el poema que aparece más abajo. Al fin de cuentas es uno de los poemas más leídos del idioma inglés y legítimamente podría decirse que es "el poema más popular del mundo".

"If" (Si) fue publicado por Rudyard Kipling en 1909. Kipling dijo que fue inspirado por las andanzas de un oficial británico en Sudáfrica, pero hoy trasciende cualquier lugar o momento específico. Aquí, al comienzo de nuestro libro sobre los principios de clase y el concepto de hacerse inolvidable, no puede haber mejor introducción que el poema de Rudyard Kipling. Quizás quiera volver a leerlo a medida que avanza en el libro. De hecho, puede querer volver a él muchas veces a medida que avanza en su vida…

> *Si puedes conservar la cabeza cuando a tu alrededor*
> *todos la pierden y te echan la culpa;*
> *si puedes confiar en ti mismo cuando los demás dudan de ti,*
> *pero al mismo tiempo tienes en cuenta su duda;*
> *si puedes esperar y no cansarte de la espera,*
> *o siendo engañado por los que te rodean, no pagar con mentiras,*
> *o siendo odiado no dar cabida al odio,*
> *y no obstante no parecer demasiado bueno, ni hablar con*
> *   demasiada sabiduría…*

Si puedes soñar y no dejar que los sueños te dominen;
si puedes pensar y no hacer de los pensamientos tu objetivo;
si puedes encontrarte con el Triunfo y el Desastre
y tratar a estos dos impostores de la misma manera;
si puedes soportar el escuchar la verdad que has dicho
tergiversada por bribones para hacer una trampa para los necios,
o contemplar destrozadas las cosas a las que habías dedicado
*   tu vida*
y agacharte y reconstruirlas con las herramientas desgastadas...

Si puedes hacer un hato con todos tus triunfos
y arriesgarlo todo de una vez a una sola carta,
y perder, y comenzar de nuevo por el principio
y no dejar escapar nunca una palabra sobre tu pérdida;
y si puedes obligar a tu corazón, a tus nervios y a tus músculos
a servirte en tu camino mucho después de que hayas perdido todo,
salvo la Voluntad que les dice "¡Resistan!".

Si puedes hablar con la multitud y perseverar en la virtud
o caminar entre Reyes y no cambiar tu manera de ser;
si ni los enemigos ni los buenos amigos pueden dañarte,
si todos los hombres cuentan contigo pero ninguno demasiado;
si puedes emplear el inexorable minuto
recorriendo una distancia que valga los sesenta segundos
tuya es la Tierra y todo lo que hay en ella,
y lo que es más, serás un Hombre, hijo mío.

¡Esta no es una imagen edulcorada del mundo! Tal como lo muestra Kipling, la vida no es un día en la playa. Le van a mentir, hacer trampa, lo van a culpar, le darán puñaladas por la espalda, se verá desilusionado y no está garantizado un resultado positivo. Aunque supere todo esto, Kipling no le asegura que tendrá riqueza o salud o sabiduría. Sí dice que obtendrá "la Tierra y todo lo que hay en ella". Pero ¿qué se supone que significa eso? ¿Alguien quiere "la Tierra y todo lo que hay en ella"?

Sin embargo, no importa lo que consiga o no consiga, Kipling sí hace una promesa respecto de lo que usted *será*. Será un hombre. O, más bien, será un *Hombre*. Pero una vez más, tal como sucede en "la Tierra y todo lo que hay en ella", tenemos que preguntarnos qué quiere decir Kipling.

La respuesta a esa pregunta ayudará a nuestra comprensión del significado de clase. Si ser un hombre es el pago por todas las pruebas y tribulaciones de la existencia terrena, debe referirse a mucho más que el género. En realidad, se trata de la sabiduría. Si usted lee el poema con cuidado, podrá ver que cada verso describe varias pruebas, para las que la respuesta *correcta* es siempre la respuesta *difícil*. ¿Por qué la respuesta difícil es la correcta? Tampoco aquí hay promesas de recompensas materiales. Solo el estado del ser que eventualmente alcanzará. Y si queremos ser coherentes con el universo que el poema ha creado, es posible que nadie más que usted reconozca que es un Hombre.

Quizás esa sea la última prueba y suena como la más dura.

De última la verdadera recompensa por la clase se resume en el respeto por uno mismo. La gente con clase *sabe* que es gente con clase, aunque nadie más preste atención. Como dijo alguien una vez: "¿Quién es usted cuando no hay nadie viéndolo?". Cuando desde el fondo de su corazón

11

puede contestar "soy la persona que realmente espero y quiero ser", entonces habrá alcanzado la meta que es el tema de este libro. Y, de nuevo, también puede ser el propósito de toda su vida.

De modo que adelante…

CAPÍTULO UNO
La energía inolvidable

La clase —esa energía singular que hace que la gente sea realmente inolvidable— es más fácil de reconocer que de definir. La reconocemos cuando la vemos, ¿pero qué es? Este libro no solo le ayudará a responder esa pregunta, sino realmente a "actuar con clase" en cada área de su vida. Cuando lo logre —y no es fácil—, se hará literalmente inolvidable.

(Dicho sea de paso, así como la clase es fácil de reconocer, la ausencia de clase también es fácil de detectar en un hombre o una mujer. ¡Eso no es algo que quiere que la gente vea en usted!)

Tendremos mucho más que decir acerca de lo que es la clase y por qué es importante en los capítulos que siguen. Tendrá la posibilidad de desarrollar su propia definición de clase y obtendrá herramientas prácticas y poderosas de modo de hacerse inolvidable para todos los que conoce. Sea en el trabajo o en cualquier otra área de su vida, nada es más valioso que eso. Usted puede no comprender toda la importancia de la clase ahora, pero cuando llegue a la última página de este libro decididamente lo hará.

Empezaremos por analizar el significado a menudo poco claro de clase, así como el efecto *muy claro* que puede tener en las interacciones laborales y personales. Veremos cómo la clase fue realmente el factor decisivo en un momento crítico de la historia de los Estados Unidos y exploraremos cómo usted puede valerse de las lecciones de ese momento.

En los siguientes capítulos exploraremos elementos esenciales que componen la clase en el sentido más genuino de la palabra. Finalmente, en el último capítulo del libro veremos cómo la clase se expresa a través de los logros en el mundo material, para usted y también para quienes lo rodean. Esta capacidad de crear el éxito para los demás es una de las cualidades más admirables de la clase. Como un gran atleta, una persona con clase siempre juega a alto nivel y hace que sus compañeros o compañeras de equipo sean mejores jugadores.

Para comenzar nuestra exploración de la clase y lo que puede hacer, analicemos un caso. Nunca ha habido ejemplo más claro de la clase en acción que el primer debate presidencial de la historia. El debate se realizó el 26 de septiembre de 1960. Los participantes fueron John F. Kennedy, entonces senador por Massachusetts, y el vicepresidente Richard M. Nixon.

Con el paso de los años se han escrito libros enteros sobre este evento, pero rara vez se ha analizado desde la perspectiva de clase del modo que nosotros usaremos la palabra. Pero la clase fue un factor inmenso en el debate. Marcó la diferencia entre quién ganó y quién perdió, y en ese sentido cambió el curso de la historia.

John F. Kennedy y Richard Nixon estaban en excelente estado en el momento de su encuentro televisado. Cada uno de ellos tenía buenos motivos para sentirse optimista respecto de la elección. Sus antecedentes eran muy diferentes, pero impactantes cada uno a su modo.

Cada candidato en 1960 había sido nominado en la primera ronda de votación en la convención nacional de sus respectivos partidos. Kennedy, cuya nominación se dio primero, había obtenido impactantes victorias sobre el más experimentado senador Hubert Humphrey en las primarias. Las victorias de Kennedy en Virginia Oeste y Wisconsin fueron una señal importante respecto de sus probabilidades de alcanzar la presidencia, ya que había habido algunas dudas respecto de si un católico apostólico romano podía ganar una elección fuera de un estado predominantemente católico como Massachusetts.

La religión de Kennedy había producido incertidumbre dentro de su partido, pero los demócratas olvidaron prácticamente estas preocupaciones luego de Virginia Oeste y Wisconsin. Entonces, inmediatamente después de su nominación, Kennedy hizo una jugada audaz y políticamente práctica en la elección de su compañero de fórmula. Su elección del senador por Texas, Lyndon Johnson, puede haber sorprendido el núcleo central de partidarios de Kennedy en el noreste, pero ahora los demócratas tenían una boleta nacional poderosa. Johnson, que era el líder de la mayoría del senado, era un político de lo más experimentado que conocía a Washington por dentro y por fuera. Era decididamente un luchador y, por lo general, un ganador.

¡Quizás la única contra de la selección de Johnson como candidato a la vicepresidencia es que él y Kennedy no se soportaban! Pero Kennedy dejó de lado sus emociones para tomar una decisión práctica efectiva. ¿Fue una jugada con "clase"? Volveremos sobre ello más adelante en este capítulo.

Dos semanas después de la convención de Kennedy, Richard Nixon se convirtió en el candidato republicano. A la luz de lo que le deparó el futuro cuando estalló el escándalo por Watergate, puede ser difícil comprender lo popular que era Nixon cuando fue nominado. En aquellos años los Estados Unidos estaban preocupados con la amenaza nuclear de la Unión Soviética. Nixon había logrado inmensa popularidad cuando debatió contundentemente con el primer ministro ruso Nikita Khruschev en una muestra industrial. También se había enfrentado a una gran multitud antiestadounidense durante una visita a Venezuela. Nixon parecía ofrecer seguridad y competencia en un momento lleno de temor de la historia estadounidense. Es cierto que ya había tenido unos cuantos momentos embarazosos. Pero siempre había salido entero y dominador de esas situaciones. Y parecía que lo haría nuevamente. Decididamente era el favorito para ganar la elección general.

Las posturas presentadas por Kennedy y Nixon eran similares en algunos aspectos y muy distintas en otros. Ambos hablaban de la grandeza de los Estados Unidos en términos más o menos convencionales. Pero Kennedy cuestionaba la complacencia de la gente, sonando al mismo tiempo positivo de algún modo. En muchos de sus discursos se refirió a una "brecha misilística", una supuesta ventaja que tenían los rusos en la cantidad de armas intercontinentales. No existía tal brecha pero, tal como ocurrió con su elección de Lyndon Johnson, Kennedy parecía dispuesto a sacrificar ciertas cosas para alcanzar sus objetivos.

A la luz de la línea generalmente dura del Partido Republicano en materia de defensa, puede ser difícil imaginar a Richard Nixon como una paloma. Pero comparado con Kennedy, así se lo veía en la elección de 1960. No mucho antes, el presidente Eisenhower —que había sido el comandante supremo de los Aliados en la guerra contra la Alemania nazi— había alertado contra el crecimiento de un "complejo militar industrial" que amenazaba con dominar la vida de los Estados Unidos. El discurso de Eisenhower sobre este tema fue digno de la paloma más ardiente, y Kennedy puede haber acordado, en realidad, con la mayor parte. Pero en vez de ello se presentó como el defensor de la libertad de los Estados Unidos contra la amenaza militar soviética.

Como vicepresidente en ejercicio, los discursos de campaña de Nixon siempre se refirieron a un presente seguro y un futuro brillante, pero hablaba de esto en el contexto de principios republicanos tales como la libre empresa y la reducción del gasto estatal. Además del mensaje general de americanismo, Kennedy y Nixon compartían la alerta frente a la amenaza soviética y acordaban en otras cuestiones de política exterior, aunque Kennedy ponía más énfasis en la necesidad de fortalecer las fuerzas armadas. La similitud de las convicciones declaradas de los dos candidatos los obligó a buscar maneras de diferenciarse en sus campañas.

La elección se convirtió en un debate respecto de la experiencia. Ambos candidatos habían llegado al Congreso el mismo año, 1946, pero Nixon trató de fortalecer su imagen destacando sus credenciales de política exterior como vicepresidente. La cuestión de la experiencia constituía un punto débil de la campaña de Kennedy y antes del primer debate Nixon parecía estar fortaleciéndose. Esto era crucial porque en aquel momento la cantidad de demócratas era mucho mayor que la cantidad de republicanos en todo el país. La carrera por la Casa Blanca era tan pareja que cualquier pequeña ventaja podía dar enormes dividendos.

Pero justo cuando Nixon se fortalecía, se dieron varios eventos en los medios que tuvieron fuerte peso en el resultado de la elección.

El énfasis de Nixon en su experiencia en materia de política exterior e interior se vio perjudicado por su propio jefe. En el otoño boreal de 1960, el presidente Eisenhower dio una conferencia de prensa, actividad que no disfrutaba. Estaba apurado por terminarla. Entonces un corresponsal preguntó en qué decisiones importantes había tenido participación el vicepresidente Richard Nixon. Eisenhower respondió: "Si me da una semana, quizás se me ocurra alguna". El presidente no estaba tratando de despreciar a Nixon. Estaba tratando de hacer una broma respecto de su cansancio y falta de concentración. Pero el comentario fue un regalo del cielo para Kennedy. Le dio la oportunidad de restar importancia a toda la cuestión de la experiencia superior de Nixon. Kennedy dijo: "Sí, Nixon tiene experiencia, pero su experiencia es en las políticas de la retirada, la derrota y la debilidad".

También comenzaron a surgir otros problemas para Nixon. Luego de la Convención Nacional Republicana había prometido hacer campaña en los cincuenta estados, pero una infección en una rodilla lo tuvo inmovilizado por dos semanas. Entonces, contrariando los consejos de su círculo íntimo, volvió a la campaña sin haber recuperado plenamente la salud. Y así el candidato, cansado, tuvo que concentrar la atención en el primer debate presidencial televisado de la historia. Nixon había sido un campeón del debate escolástico y recibió con agrado la oportunidad de hablar con su oponente en la cadena nacional de televisión, pero al paso de esa noche, las sutilezas de la política en los medios se volcaron contra el vicepresidente.

Kennedy dedicó una cantidad tremenda de tiempo a prepararse para este evento. El reciente éxito de sus respuestas televisadas respecto de la religión demostró que el medio tenía un potencial inmenso para su triunfo. Además una buena presentación contra el largamente favorito Nixon establecería su credibilidad en materia política y aumentaría la confianza del público en su capacidad como conductor. El vicepresidente también llegó preparado, pero el resultado del debate no se vería decidido por el contenido del mismo.

Nixon también tuvo mala suerte en otros frentes mediáticos. Kennedy ganó puntos con los negros al salir en defensa de Martin Luther King Jr. cuando este fue arrestado en Atlanta. El vicepresidente quedó atrapado en un conflicto de intereses y tuvo que guardar silencio sobre este evento muy publicitado. Kennedy utilizó la cobertura de los medios para fortalecer su imagen carismática de hombre compasivo. Muy avanzada la carrera, Eisenhower aumentó su apoyo para Nixon. Esta acción preocupaba a los demócratas pero posiblemente creó la imagen de que el vicepresidente no podía ganar la elección por su cuenta. La prensa eventualmente se hizo eco de esa percepción de debilidad. Combinado con la mala actuación de Nixon en el primer debate, la *gaffe* de Eisenhower y los triunfos previos de Kennedy en los medios, pequeños errores de cálculo relacionados con la prensa como este, tuvieron su costo para el candidato republicano.

JFK pudo poner a Nixon a la defensiva con su dominio inesperado de los hechos, pero Nixon logró responder a las críticas de Kennedy. El impacto visual del atractivo Kennedy versus el aspecto enfermizo de un Nixon desgastado se convirtió en la cuestión principal del debate. Varios factores contribuyeron a la mala imagen de Nixon. Sus problemas de salud previos al debate habían resultado en una fuerte pérdida de peso. Un fondo recién pintado en el estudio había secado con un tono de gris claro que se fundía con el color de su traje. Las cámaras pescaron a Nixon secándose traspiración de la frente. Se veía arrinconado y sacudido. Mientras que Kennedy se veía magnífico frente a las cámaras.

Se ha señalado a menudo que la gente que escuchó el debate por radio pensó que Richard Nixon había ganado, mientras que los millones que lo vieron por TV consideraron a John Kennedy el claro ganador. Hay una razón simple. Nixon tuvo una excelente presentación, pero Kennedy tenía —o parecía tener— una abrumadora ventaja de clase.

¿Qué queremos decir con ventaja de clase? No quiere decir que Kennedy era más rico que Nixon, aunque ese era sin duda el caso. Lo que sí significa es el primer punto importante que se debe entender sobre clase. La ventaja de clase de John Kennedy fue que parecía genial, calmo y en control. Nixon puede haber tenido el contenido, pero

Kennedy tenía la clase. En realidad, nada de lo que se dijo esa noche fue particularmente significativo en términos de política pública o mundial. No hubo golpes de efecto ni latiguillos pegadizos, y las cuestiones debatidas parecen totalmente irrelevantes en el mundo actual. Pero lo que ha perdurado son las imágenes de un John F. Kennedy relajado y con aspecto confiado, claramente actuando con clase, pese a que Richard Nixon tenía mucha más experiencia de gobierno y era mucho más conocido.

¿Cómo ocurrió esto? De todo lo que se ha escrito sobre el primer debate presidencial, se destacan tres puntos. Volveremos sobre estos tres puntos en diversas formas a lo largo del libro, de modo que al enterarse de ellos ahora, piense en cómo pueden estar presentes también en su vida y su carrera. Usted quizás nunca compita por la presidencia, pero sin duda enfrentará algunas de las mismas decisiones que Kennedy y Nixon tomaron hace alrededor de cincuenta años. A primera vista esas decisiones pueden parecer referidas a cuestiones técnicas o de procedimiento, pero, en realidad, tenían que ver con otra cosa. Tenían que ver con clase —o la percepción de clase— y cómo transmitir del modo más efectivo esa impresión.

Primero, los participantes en el debate estaban allí por motivos muy diferentes. Para Kennedy, el debate era una opción positiva. Como relativo desconocido, tenía todo por ganar y poco por perder. Para Nixon, en cambio, era una imposición. Lo que es peor, él se creó esa imposición, contra el consejo de quienes lo rodeaban. Los asesores de Nixon le insistieron en que no debatiera con Kennedy, pero Nixon se sintió obligado a hacerlo. Sintió que tenía que demostrar algo, quizás a sí mismo más que a nadie. De modo que sus acciones se basaron en la inseguridad en vez de la fuerza.

Esta es una dinámica extremadamente interesante, que puede afectar cualquier toma de decisión, no importa cuáles sean las circunstancias externas. Cuanto más poderosa se vuelve una persona, tanto más obligada puede sentirse a demostrar que realmente merece ese poder. Necesita de apoyo y reaseguro permanente, lo que a menudo se manifiesta en que tiene un equipo de gente que le dice que sí a todo, para evitar toda duda de sí misma.

La clase nunca se expresa de modo involuntario. La clase es siempre una elección positiva o incluso feliz. Aunque sus acciones sean objetivamente con clase, el efecto positivo se ve cancelado si la motivación es negativa. Y no se confunda: la motivación negativa siempre se revela, a veces de modo inesperado y embarazoso.

Hay un vínculo esencial entre clase y comunicación. La gente que actúa con clase es claramente la que puede comunicar claramente quién es y cuál es su visión. No se necesita ser la persona más inteligente en el cuarto para ser el líder. Muchos historiadores aceptan que dos de los hombres más brillantes en haber ocupado la presidencia en la historia reciente fueron Jimmy Carter y Richard Nixon. Carter tenía diploma de ingeniero eléctrico y Nixon tenía título de abogado de la Universidad de Duke. Y sin embargo, se acuerde o no con su política, Ronald Reagan es recordado como un presidente popular y efectivo, el hombre responsable por ganar la Guerra Fría, el Gran Comunicador. Cuando dijo "Derriben el muro", se hizo inolvidable.

No fue por haber obtenido títulos académicos. Fue solo por lo que dijo y cómo lo dijo.

La gente inolvidable habla en términos de visión. A menudo, sorprendentemente, no se trata de lo que han hecho o harán. Se trata de lo que pueden ver. Pintan la imagen de un mundo que otros no pueden imaginar y comparten su visión usando palabras. No usan estadísticas para convencer; usan imágenes vívidas.

Ser un gran comunicador requiere dos cualidades distintivas. La primera es optimismo. El pesimismo no tiene clase. Una persona inolvidable mira más allá de cualquier situación actual para imaginar un tiempo mejor. ¿Cuándo se hará realidad ese tiempo? ¿Cómo se dará? ¡Esos son meros detalles!

Segundo, un gran comunicador pone esa visión compartida en palabras simples que todos pueden entender. No ayuda usar un gran vocabulario. Ayuda usar un lenguaje que puede ser entendido claramente por un camionero y un científico, simple, comprensible y repetible.

Frases tales como puedo ver o imagino o creo son herramientas poderosas. Sus pensamientos ayudan a pintar un cuadro de esa imagen. Por ejemplo, no sirve de nada citar estadísticas que muestran que, cuando la gente disfruta de su trabajo, su productividad y felicidad en general mejoran. Nadie escuchará atentamente si usted afirma la importancia de desarrollar una serie de sistemas y procesos para incrementar sostenidamente el disfrute del trabajo por la gente, de modo que mejore la calidad. Son afirmaciones acertadas, ¿pero quién se va a sentir inspirado por ellas?

Pero qué pasa si dice lo siguiente:

"Imagino un tiempo no demasiado lejano en el que toda persona que vaya a trabajar disfrute lo que hace. Este es el mundo que puedo ver. ¿Se imagina ir a trabajar cada día disfrutando de lo que hace y de la gente con la que trabaja? ¿Cómo cree que afectaría eso su trabajo o incluso su vida personal? Este es el mundo que imagino y es posible si trabajamos juntos para crearlo. Únase a mí. Elija dirigir. Elija inspirar. Si lo hace, sé que tendremos éxito. Si usted dirige a los que lo rodean, si inspira a la gente que lo rodea, todos nos despertaremos y nos encantará ir a trabajar. ¿Se suma o no?".

El significado es el mismo, pero el mensaje es muy distinto.

"No pregunten lo que su país puede hacer por ustedes, pregunten qué pueden hacer por su país", dijo John F. Kennedy en su discurso inaugural en 1961. ¿Por qué fue inolvidable esto? ¿Por qué fue inolvidable? Kennedy no nos pidió que lo siguiéramos, ni que dirigiéramos. Nos desafió a servir. Esta es la paradoja de una actuación auténticamente con clase. Las personas que realmente inspiran y son inolvidables no se sienten impulsadas a dirigir gente. Se sienten impulsadas a servir a la gente. Este giro sutil de la lógica le gana a un buen líder la lealtad y el respeto de los que, de última, terminan sirviéndole. Para ser inolvidable una persona tiene que tener seguidores. ¿Por qué querrían individuos seguir a otro individuo a menos que sintieran que esa persona les sirve a ellos y a sus intereses?

Cuanto más capaz sea de hacer eso, tanto más se ganará la confianza de todos los que lo rodean. No porque usted sea "el jefe" sino porque sabe lo que la gente necesita y está decidido a lograr que lo consigan.

Una persona inolvidable quiere ayudar a los demás a convertirse en la mejor versión de sí mismos. Una persona inolvidable no propone hacer el trabajo de los demás en su lugar. De nuevo, la persona inolvidable pinta un cuadro de cómo los demás pueden hacerlo por sí mismos.

Y, dicho sea de paso, esa es exactamente la intención de este libro. De modo que, por favor, vaya al capítulo 2.

CAPÍTULO DOS
La clase en una crisis

En todas las áreas de la vida, suceden cosas que parecen estar fuera de nuestro control y sobre las que no tenemos responsabilidad. En una tormenta de viento, el árbol de su vecino cae sobre el techo de su casa o, aún peor, su árbol cae sobre la casa de su vecino. Una persona se enferma, mientras otra se mantiene saludable. José gana la lotería, mientras Jaime pierde su billete. Hay tanto que es azaroso en la vida. Hay tanto que es simplemente la suerte del sorteo.

Eso puede ser cierto, pero desde la perspectiva de clase, ¡simplemente no se actúa así! Si realmente quiere actuar con clase, si realmente quiere hacerse inolvidable, debe aceptar el cien por ciento de responsabilidad. Por cierto, debe aceptar responsabilidad por sí mismo, e incluso debiera poder aceptar responsabilidad por otros cuando no están en condiciones de hacerlo. Y de última debe aceptar responsabilidad por cosas que están evidentemente fuera de su control. Usted puede no haber causado la caída del árbol, pero quizás pudo haber advertido que era posible que sucediera con un viento lo suficientemente fuerte. No hace falta decir que esto es mucho pedir. No es fácil. No se da porque sí. Pero es la manera con clase de ver las cosas.

Pero eso no es todo. No solo tiene que aceptar responsabilidad total. Tiene que hacer que se vea fácil. Si siente que actuar con clase es un esfuerzo, tiene que ocultar ese esfuerzo a toda costa.

Considere esta historia. Ted conducía un camión para una pequeña compañía manufacturera familiar. Su esposa estaba por tener un bebé. Durante el parto hubo complicaciones que se tradujeron eventualmente en una cuenta de hospital de US$ 20.000. Si bien su esposa e hijo estaban saludables, Ted tuvo que enfrentar un problema financiero real. Algo de la letra chica del contrato del seguro privado de salud de la empresa planteó dudas respecto de si la cuenta de hospital tendría cobertura y la respuesta parecía ser que no. Eso era, al menos, lo que le decía la compañía del seguro de salud a Ted.

Como no había manera de que Ted pudiera pagar los US$ 20.000, fue a ver a Warren, el dueño de la compañía para la que trabajaba. Warren escuchó el problema de Ted y dijo que llamaría él mismo a la compañía de seguro de salud. Por cierto que parecía que la cuenta de salud de Ted debía estar cubierta y, si no era así, Warren decididamente descubriría por qué.

Pocos días más tarde, Warren se encontró con Ted al comienzo de la jornada de trabajo. "Tengo una buena noticia", dijo Warren. "Hablé con la compañía del seguro y acordaron cubrir su cuenta del hospital. No le van a mandar más cuentas".

Ted agradeció a su patrón profusamente. Realmente apreciaba la manera en que Warren lo había respaldado. Warren murió varios años más tarde y en el funeral Ted le dijo a la esposa de Warren lo sucedido. Fue entonces que Ted supo la verdad: Warren había pagado personalmente la cuenta del hospital. Podía hacerlo, por supuesto, de modo que el dinero no era realmente una preocupación. Lo único que le preocupaba a Warren era la posibilidad de que Ted descubriera que él había pagado la cuenta. Asumir responsabilidad financiera por alguien que necesita ayuda fue actuar con clase, pero hacerlo saber decididamente no lo hubiera sido.

A la gente con clase no le gusta ver a nadie incómodo. No importa si la incomodidad es por un problema serio, como en el caso de Ted, o por algo relativamente menor. El famoso autor y compositor Cole Porter, por ejemplo, era famoso por actuar con clase en todo sentido. Le encantaba agasajar a sus amigos en su departamento del Hotel Waldorf-Astoria en Nueva York. En una de tales ocasiones un invitado de Porter estaba admirando su colección de cristalería fina. De pronto se escuchó un estrépito. Un invitado había dejado caer un bol antiguo que valía varios miles de dólares. Hasta ese instante había habido risas y canciones. Se produjo un silencio de muerte mientras Cole Porter se levantaba del piano y se acercaba a su invitado horrorizado. "¿Dejaste caer un bol?", dijo, tomando otra pieza de su colección. "Es fácil que suceda. Son tan resbaladizos". Entonces, accidentalmente, a propósito, dejó caer el segundo bol. "Ups, ahora yo lo hice", comentó Porter con una sonrisa socarrona. "Como dije, sucede todo el tiempo. No te preocupes. De hecho, bienvenido al club".

¿Cómo habría manejado usted la situación? ¿Lo que más le hubiera preocupado sería el embarazo o la incomodidad de su invitado? ¿O se habría preocupado por el costo del bol roto y si podría reemplazarlo? ¿Habría asumido la responsabilidad de arreglar la situación, aunque no era su culpa? En síntesis, ¿habría actuado como la persona promedio o habría actuado con clase?

La clase siempre encuentra la manera de manifestarse, pero la verdadera prueba de alguien con clase se da al producirse una catástrofe. Por este motivo, la gente con clase se entrena para ver los problemas como oportunidades. Puede sonar como un cliché, pero algunos individuos viven de acuerdo a este precepto y esas personas son realmente inolvidables. El fallecido W. Clement Stone, que creó un imperio de miles de millones de dólares en el negocio de los seguros, tenía una manera particular de reaccionar ante las malas noticias. Como cuestión de disciplina personal se entrenó para exclamar "¡Excelente!", no importa lo terrible que pudiera parecer la información. Stone estaba decidido a encontrar la oportunidad positiva oculta en todo desastre. Si no había una oportunidad oculta, la crearía.

Como dijimos, no es fácil. Pero no se supone que sea fácil.

En 1982, ocho personas murieron porque alguien puso veneno en frascos de Tylenol que se vendieron en una farmacia de Chicago. El CEO de Johnson & Johnson inmediatamente asumió total responsabilidad por lo que había sucedido, aunque la compañía no tuvo nada que ver con el envenenamiento de su producto. Treinta y un millones de frascos de Tylenol fueron retirados de las góndolas y destruidos, a un costo de US$ 100 millones. ¿Fue una buena decisión? En aquel momento el CEO de Johnson & Johnson era James Burke. Qué dijo: "La prueba de un ejecutivo y una compañía es cómo reaccionan frente a una catástrofe". Dicho de otro modo, enfrentar problemas difíciles no es simplemente algo que uno se ve obligado a hacer. Es el motivo por el que uno está donde está, y es una posibilidad de mostrar quién es y lo que es.

Es cuestión de establecer un estándar más elevado para uno mismo y actuar de acuerdo al mismo, lo que no es un mal comienzo para encontrar una definición de lo que realmente significa "tener clase".

APARIENCIA Y REALIDAD

El doctor en psicología clínica Taibi Kahler ha realizado algunos estudios significativos sobre la motivación humana. Específicamente, Kahler ha identificado una cantidad de convicciones específicas que llevan a la gente a actuar, a veces con resultados positivos, pero a menudo resultando en autosabotaje. Cuando la gente se comporta de modos que no parecen tener clase, no es porque así lo quiera. Por el contrario, su motivación puede ser realmente positiva, pero también equivocada. Para comprender cómo funciona esto puede ser de ayuda estudiar los cuatro impulsos motivadores de Taibi Kahler.

Kahler identifica como el primer impulso motivador a la necesidad de ser "perfecto". Eso significa, de acuerdo a Kahler, que "usted debe ser perfecto. Debe estar en lo cierto en todo sentido. Debe tener éxito en todo lo que hace. Y debe ganar siempre".

Podemos ver cómo esta creencia afectó a Richard Nixon en su primer debate presidencial. Se sintió obligado a participar, enfrentar el reto, y ganar, pese a los muchos motivos obvios para no hacerlo. Quería actuar con "clase", lo que en sí misma es una intención positiva. El problema es que estaba actuando por temor. Temía que se lo viera como menos que perfecto. Desgraciadamente, así es exactamente cómo se lo vio.

Otros impulsos potencialmente autosaboteadores pueden ser:

- El deseo de parecer fuerte en todo momento. Esto se basa en un error fundamental que es creer que no mostrar vulnerabilidad es equivalente a fuerza.

- Un sentido de urgencia y la necesidad de estar "a la cabeza" en todo momento. Mientras un número significativo de personas muy exitosas fueron identificadas como destacadas desde un comienzo, muchas otras no lo fueron. La necesidad de ser "el millonario más joven" o "el de mejor desempeño de menos de treinta años" es una trampa en la que nadie debiera caer. Pero mucha gente lo hace.

- El deseo de congraciarse con los demás a toda costa y de lograr que esto sea convalidado por el reconocimiento y las alabanzas. Merecer y recibir reconocimiento pueden ser impulsos valederos, pero no cuando uno necesita que los demás le digan que ha hecho algo bueno. De modo similar, es bueno querer satisfacer los deseos de los demás, pero no cuando detrás de ello está la creencia de que usted no es suficientemente bueno a menos que la gente esté contenta con usted.

LA CONEXIÓN CARNEGIE

Aunque la palabra *clase* no aparece a menudo en sus libros, los conceptos que estamos analizando aquí son fundamentales en el trabajo de Dale Carnegie y la influencia que ha tenido en la vida de millones de personas. Veamos ahora lo que Dale Carnegie tenía para decir en este sentido. Creo que verá la estrecha relación entre estas ideas y las que hemos visto hasta aquí, especialmente la importancia de aceptar responsabilidad y ver esa responsabilidad como una oportunidad en vez de una carga.

Como dijimos, esto no es ciencia espacial. La clase no tiene por qué ser algo complicado. En los debates Nixon-Kennedy, vimos cómo algunas ideas básicas acerca de cómo causar una buena primera impresión y conducta apropiada resultaron de enorme importancia.

¿Cómo se siente, por ejemplo, respecto de la manera que viste? ¿Considera que verse bien arreglado y vestido es una molestia o una oportunidad? ¿Qué hay del estado de su lugar de trabajo o su oficina? ¿En estos asuntos aparentemente personales usted es congruente o divergente con la imagen de su compañía u organización?

Si siente la necesidad de ser diferente en estas áreas —"seguir su propio ritmo"—, puede estar cometiendo un error. Aquí no se trata de libertad versus conformidad. Se trata, en realidad, de su propio interés en el sentido más simple y positivo. Cuando Richard Nixon se puso un traje gris para su debate, quizás lo vio como una oportunidad de mostrar que podía usar el color que quisiera. Quizás alguien le dijo que se pusiera un traje oscuro, que se vería mejor en TV, pero él afirmó su derecho a ser diferente y escoger su propia ropa. Aunque nadie del público pensaba así. En vez de ello, simplemente respondieron de forma negativa al aspecto de Richard Nixon. A la gente que no podía verlo —la que escuchaba el debate por radio—, le gustó lo que Nixon tenía para decir. Pero para quienes podían verlo, su mensaje quedó anulado por su aspecto. Fue así de simple.

Ahora miremos la misma cuestión desde el ángulo opuesto. Cuando la gente le habla, ¿usted escucha con toda su atención o se ve distraído por su aspecto, su modo de construir las frases u otros detalles? ¿Escuchar es para usted cuestión de esperar a que la otra persona deje de hablar para que usted pueda empezar a hacerlo, o es una capacidad que realmente quiere desarrollar? Es asombroso lo escasas que son las personas que saben escuchar y, convirtiéndose en una de esas personas escasas, puede dar un gran paso hacia hacerse realmente inolvidable.

¿Cómo reacciona cuando alguien dice algo con lo que desacuerda? ¿Algunos temas o algunas personas le resultan inmediatamente irritantes? Todos tenemos puntos sensibles pero nuevamente un aspecto importante de la clase es estar en control y aceptar responsabilidad. Cuando alguien dice algo que parece totalmente desubicado, él o ella puede ser efectivamente una persona mal informada. Pero no es su responsabilidad informar al mundo de eso. Su responsabilidad es responder con la mente fría, con calma y control, o dicho de otro modo, con clase.

El título del libro más famoso de Dale Carnegie es *Cómo ganar amigos e influir sobre las personas*. El título es conocido en todo el mundo y su simplicidad es uno de sus puntos fuertes, pero para comprenderlo realmente tenemos que analizar cuidadosamente una palabra. Sorprendentemente, la palabra es "y". En la conversación habitual, "y" es solo una palabra que une, una conjunción. Pero aquí esa letra tiene una función más importante. En el título del libro de Dale Carnegie "y" realmente significa "para". Las dos partes del título no coexisten simplemente. Una parte deriva de la otra. No es solo cuestión de hacer amigos e influir sobre la gente. Hacerse de amigos le permite influir en la gente. Dicho con la menor cantidad posible de palabras, ganarse el afecto de las personas le confiere respeto.

Respecto de esto, digámoslo una última vez: ¡No es ciencia espacial! Es simple. No es necesariamente fácil, pero sí decididamente no complicado. Concluyamos este capítulo con una cantidad de principios, no solo para tenerlos presentes sino para actuar basándose en ellos a partir de hoy.

Primero, como parte de su decisión de tener clase y volverse inolvidable, no critique, no condene ni se queje. Punto. ¿Por qué? ¿Le gusta escuchar las quejas de los demás? ¿Escuchar a alguien condenar a otro lo acerca a esa persona? ¿Escuchar una lista de críticas de alguien lo inclina a ser influido positivamente por esa persona? Creo que las respuestas a estas preguntas no necesitan explicación.

En vez de criticar o quejarse, cree en sí mismo sentimientos de apreciación y gratitud. No haga esto porque quiera ser ingenuamente optimista. Hágalo por interés propio positivo. Una vez más, ¿cómo se siente cuando está con gente positiva y agradecida? Es probable que esa sea la clase de gente que querrá tener de amigos. Y como mostró Dale Carnegie, los amigos son las personas que nos influyen. Por lo general, queremos olvidar a la gente que es habitualmente negativa, pero la gente genuinamente positiva no es simplemente memorable, es literalmente inolvidable.

¿Cuál es la mejor manera de mostrar aprecio, gratitud, optimismo y otros sentimientos positivos? Nuevamente, lo que usted dice puede verse cancelado por como se ve, ¡así que sonría! No hay necesidad de analizar en profundidad los beneficios de sonreír, pero es interesante señalar lo que ha mostrado la investigación. Sonreír —es decir, flexionar los músculos del rostro— estimula la producción de ciertas sustancias neuroquímicas en el cerebro asociadas con sentimientos de placer y bienestar. Al nivel biológico más básico, sonreír es bueno para usted.

Y reír puede ser aún mejor que sonreír. Hace más de veinte años, Norman Cousins escribió un libro exitoso describiendo cómo miraba comedias para tratar una enfermedad seria. Desde entonces, ha habido muchos estudios de los efectos físicos y emocionales de la risa. Un estudio interesante analizó la frecuencia con la que la gente ríe en distintas etapas de la vida. A los tres años reímos mucho: cientos de veces al día. De allí en adelante, sin embargo, hay una disminución gradual de la risa a lo largo de muchos años. Pero entonces sucede algo interesante. Alguna gente comienza a reírse más y otros dejan de reír por completo.

Parte de esto puede reflejar cuestiones genéticas, pero recuerde, un aspecto esencial de la clase es asumir cien por ciento de responsabilidad. Puede ser que es simplemente "natural" volverse menos feliz al envejecer. Pero eso no significa que tiene que dejar que ocurra. También puede ser natural volverse más débil físicamente y subir de peso, pero millones de personas han hecho de la resistencia a ese proceso una prioridad. Puede comprometerse a mantener positivas sus emociones tal como puede mantener saludable su cuerpo. Pero el compromiso es una palabra clave. No se da por sí solo. No sucede fácilmente. Como hemos dicho, la clase en general no es algo que se da fácilmente. ¡Usted debe hacer que parezca fácil!

En el próximo capítulo y los siguientes estaremos analizando aspectos específicos de la clase, qué son, cómo puede desarrollarlos y cómo pueden beneficiarlo a usted y los que lo rodean. Pero el concepto de responsabilidad total que hemos introducido aquí en el capítulo dos es la base sobre la que se construye todo lo demás.

Usted tiene el poder de actuar con clase. Usted tiene lo que se necesita para ser una persona realmente inolvidable.

CAPÍTULO TRES
Inspiración, no imitación

Hable con cualquiera que esté trabajando en Recursos Humanos en una corporación importante y escuchará un mensaje paradójico. La buena noticia es que la gente que busca ocupar cargos gerenciales está mejor capacitada que nunca. Tienen trayectorias académicas brillantes, a menudo con títulos de universidades empresarias o en contabilidad. Tienen sólida experiencia laboral, con cartas de recomendación sinceras de sus supervisores. Se presentan de modo efectivo en las entrevistas, con excelente conocimiento de la compañía para la que quieren trabajar y de la economía de conjunto.

La mala noticia es que todos se ven maravillosos en el papel y en las entrevistas, pero todos los demás se ven exactamente igual. La gente ha descubierto cómo presentarse como jefes competentes y capacitados que no hacen olas y no cometen errores, pero nadie es capaz de decir: "Tengo ideas que son realmente nuevas y diferentes". La gente teme presentarse como innovadora y, en consecuencia, la innovación misma se ha convertido en un arte perdido.

Este es un problema para las empresas estadounidenses. Pero también es una oportunidad dorada para cualquiera que valore la originalidad y sepa cómo aplicarla al trabajo. Puede destacarse instantáneamente de la multitud centrándose en lo que hará bien en vez de lo que no hará mal. Para hacer eso, necesitará saber cuáles son sus puntos fuertes y débiles e inteligencia para maximizar su aporte. Pero principalmente necesitará inspiración, el poder de generar energía y entusiasmo con lo que dice, con su aspecto y, por encima de todo, con lo que hace. Esos son algunos de los tópicos de los que hablaremos en este capítulo.

Como primer paso en el camino a hacerse inolvidable para los demás, considere cómo se ve a sus propios ojos. La imagen se construye a partir de la autopercepción. Si su autopercepción no está en concordancia con cómo quiere ser percibido, tendrá dificultades para causar una impresión positiva, especialmente si ni siquiera tiene plena conciencia del problema. Esto le sucede a mucha gente. Por algún motivo, tendemos a pensar menos en nosotros mismos de lo que nos gustaría. También tendemos a tener peor opinión de nosotros mismos de la que tienen otras personas.

Puede ser que no quiera parecer ególatra o que no quiere elevar su imagen de sí mismo a expensas de los demás, pero desmerecerse decididamente no es una buena manera de avanzar. Por lo que ahora mismo reconozca que merece verse a sí mismo como alguien mucho mejor de lo que acostumbra. Esto no solo lo hará sentir más confiado y merecedor de éxito, sino que probablemente además lo acercará mucho más a la verdad de su imagen en el mundo.

Hasta que deje de menospreciarse, no debería sorprenderle que el mundo haga lo mismo. Pero el propósito de este libro y de este capítulo en particular es ayudarlo a distinguirse de otra gente.

A continuación le presentamos una buena manera de comenzar a avanzar en esa dirección. Vamos a analizar sus logros más significativos en tres áreas distintas de su vida: su trabajo y carrera; su educación y su relación con su familia y sus amigos. Vamos a analizar cosas que ha hecho bien, y si no las ha hecho tan bien como le gustaría, estas también son las áreas en las que se comprometerá a hacer las cosas mejor. Hay cosas de las que se justifica estar orgulloso y, si no está orgulloso ahora, tiene una gran oportunidad para cambiar eso.

Y recuerde: concentrarse en sus logros —pasados, presentes y futuros— no significa que esególatra o egocéntrico. Es darse crédito por lo que debe darse crédito y el mero hecho de poder hacer eso inmediatamente lo distinguirá de la multitud.

TRABAJO Y CARRERA

Quizás su actual fuente de ingresos es exactamente la que quería o puede estar en un puesto o un sector en el que nunca pensó encontrarse. Puede estar feliz con lo que hace o puede estar desilusionado. Pero por el momento dejemos todo eso de lado. Sin referirse a ninguno de los aspectos complejos de donde trabaja o por qué trabaja allí, trate de identificar el mayor logro de su carrera. Puede ser algo que hizo para su empleador o para usted mismo o algo que hizo para ayudar a uno de sus colegas.

Para comprender esto, imagine que es Bill Gates, una de las personas más ricas del mundo. Dé un paseo por su hogar de nueve mil metros cuadrados cerca de Seattle y pondere lo que acabamos de decir. ¿Qué es lo mejor que ha hecho en su trabajo y su carrera? En cuanto a la toma de decisiones empresarias, por cierto que uno de sus puntos altos fue licenciar su sistema operativo informático a IBM por casi nada de dinero, siempre que pudiera retener el derecho a vender la licencia del sistema a otros fabricantes de computadoras también. IBM lo aceptó con gusto porque, al fin de cuentas, nadie querría competir con la compañía más poderosa del mundo, ¿verdad? Con esa decisión, su sistema y su compañía se volvieron dominantes en todo el mundo y usted, Bill Gates, estaba en camino a tener más de US$ 60.000 millones.

O quizás quiera analizar el mayor logro de su carrera desde otro ángulo. En vez de concentrarse en la decisión que lo ayudó a ganar tanto dinero, quizás quisiera concentrarse en la decisión de donar tanto. Al fin de cuentas, ninguna otra persona en toda la historia se ha vuelto un filántropo a la escala de Bill Gates. Naciones de África y Asia están recibiendo miles de millones de dólares de ayuda para salud y educación. Esto puede no conocerse tanto como su gran casa en Lake Washington, con sus obras de arte digitalizadas, pero es por cierto algo de lo que estar orgulloso.

Determinar cuál es el mayor logro de su carrera es una decisión personal. Puede ser algo obvio o algo sutil. Pero debe hacer que se sienta orgulloso de sí mismo cuando piense en ello. Por lo que tómese un momento y luego elija.

SU EDUCACIÓN

Nuestra próxima categoría de logros se refiere a su educación y su definición de educación aquí debería ser amplia. ¿Obtuvo notas máximas siempre en sus estudios? Si es así, eso es muy bueno y por cierto que es algo de lo cual estar orgulloso. Pero, aunque ser el mejor alumno no es algo para desmerecer, tampoco lo distinguirá de la multitud. El funcionario a cargo de la admisión de alumnos de cualquiera de las principales universidades tal vez le diría que podrían ocupar cada vacante en cada clase con estudiantes que tenían promedios perfectos en la escuela secundaria. Del mismo modo cada postulante a estudios de posgrado en las principales universidades empresarias viene con las mejores calificaciones de sus estudios de licenciatura. Por lo que, en vez de basarse en las medidas objetivas estándar del éxito educativo, piense en lo que conoce que quizás nadie más sabe.

¿Qué ha aprendido realmente a hacer, sea escribir o pintar o coser o arreglar su auto? ¿Cómo logró esto? ¿Lo aprendió de otra persona o leyó sobre el tema o es algo que descubrió por su cuenta? ¿Es algo que le resultó fácil o requirió trabajo y estudio sistemático? Un logro educativo aquí significa cualquier cosa que haya aprendido realmente bien y que quizás nadie más conoce al mismo alto nivel. ¿Qué ha aprendido de lo que realmente se puede sentir orgulloso? Piense en eso ahora.

SUS RELACIONES MÁS ESTRECHAS

Ahora ocupémonos de un área de su vida que probablemente diría que es la más importante de todas. Extrañamente, también es una que tiende a perderse en la lucha por alcanzar nuestros objetivos.

Si le pregunta a la gente lo que quiere hacer con su vida, puede esperar todo tipo de respuestas diferentes. Pero si les pregunta por qué —especialmente si hay niños en su vida— casi siempre recibirá una variante de la misma respuesta. "No lo hago por mí mismo. Lo hago por mi familia. Lo hago por la gente más cercana a mí y que depende de mí".

Puede escuchar a gente de veintitantos decir cosas así y también a gente de más de sesenta. Dirigimos una cantidad enorme de emoción y esfuerzo hacia nuestras relaciones humanas, ¿pero cuándo nos detenemos a pensar en el resultado de todo esto? ¿Cuándo nos tomamos el tiempo de reconocer lo que hemos logrado para y con la gente en nuestra vida? Es lo que quisiera que haga ahora mismo.

¿Cuál es su mayor logro en sus relaciones con otras personas, se trate de familiares o amigos cercanos? ¿Cuándo hubo un momento del que, al recordarlo, puede decir: "Esto es lo que hace que todo valga la pena"? Puede ser un casamiento o una graduación o algo mucho menos público. Pero debe ser una ocasión que lo hace sentir bien respecto de sí mismo y que lo ha logrado en materia de relaciones humanas.

Ahora, al recordar sus logros en el trabajo, en su educación y en sus relaciones con los demás, habrá encontrado motivos genuinos para sentirse bien consigo mismo. No olvide esa sensación y no olvide los momentos a lo largo del tiempo que lo conectan con ella. Puede usar estos recuerdos como anclas para evitar alejarse de esa sensación de identidad positiva. Ese es el tipo de cosa que puede suceder demasiado fácilmente en un mundo acelerado y competitivo. De modo que resista esa tendencia. Al hacerlo dará un gran paso en el camino a hacerse inolvidable para todos los que conoce. Aún más importante es que se hará inolvidable para sí mismo.

DISTINGUIRSE DE LOS DEMÁS

Hemos visto que, en el mercado empresario de hoy, tener buenas calificaciones no basta, especialmente si sus buenas calificaciones son iguales a las de todos los demás. El resto de este capítulo estará dedicado a las maneras en que puede distinguirse. Veremos cómo puede mostrar que es valioso como jefe, colega e incluso como amigo. También veremos cómo ser original, de modo de ser igual de bueno o mejor que la competencia y distinto en algún sentido positivo. Logrando esos dos objetivos decididamente habrá avanzado mucho en el camino de hacerse inolvidable.

El liderazgo empresario se basa en dos elementos: visión y capacidad técnica. La gente líder en cualquier sector siempre corporiza al menos uno de esos dos elementos. A veces, aunque en raros casos, corporiza ambos. Dicho simplemente, tener visión es la capacidad de ver lo que otros no ven. Es el caso de un ejecutivo de Ford de nombre Lee Iacocca que advirtió que existía un mercado para un vehículo que fuera tanto un auto de carrera como de uso diario e ideó el Mustang. Es Steve Jobs advirtiendo que las computadoras tienen que venderse en una sola caja, como un televisor, en vez de por piezas.

Hace alrededor de cien años Walter Chrysler era jefe de planta de una compañía que construía locomotoras. Entonces decidió meterse en el negocio automotriz, que era una industria nueva y con gran impulso. El problema es que Walter Chrysler no sabía demasiado de autos, salvo que comenzaban a superar en número a los caballos en los caminos públicos. Para superar este problema, Chrysler compró uno de los Ford Modelo T que se estaban volviendo tan populares. Para descubrir cómo funcionaba lo desarmó y lo volvió a armar. Entonces, solo para estar seguro que entendía todo, repitió esto. Entonces, para estar absolutamente seguro de que sabía cómo funcionaba un auto, lo desarmó y rearmó cuarenta y ocho veces más, alcanzando un total de cincuenta veces. Para cuando terminó, Chrysler no solo tenía una visión de miles de autos en rutas estadounidenses, también tenía los detalles mecánicos de esos autos grabados en su conciencia.

Quizás haya visto la obra llamada *Vivir de ilusión* (*The Music Man* es el título original en inglés, literalmente "El hombre de la música"). Es sobre un hombre que habla rápido y que llega a un pequeño pueblo con la intención de mejorar enormemente una banda de música. Pero no toca ningún instrumento, no sabe conducir una banda y realmente no tiene ninguna capacitación musical.

Vivir de ilusión es una comedia, pero no es del todo irreal. Algunos jefes en la industria informática no saben formatear un documento. Algunos ejecutivos automotrices no podrían cambiar un neumático. Incluso hubo un vicepresidente que no sabía deletrear palabras simples. No es buena idea desconocer las capacidades técnicas fundamentales de su actividad y por cierto que no es buena idea que lo descubran. Por lo que veamos lo que puede hacer para evitar esos problemas.

El primer paso es hacerse algunas preguntas reveladoras. Si se encuentra dando respuestas negativas a estas preguntas, tiene que trabajar en esta área de inmediato. Y aunque la mayoría de sus respuestas sean afirmativas, puede usar estas preguntas como guía. Pueden sugerir nuevos pasos para mejorar en estas áreas. Pueden orientar su atención hacia personas que conoce que son particularmente competentes o que impacten por otro motivo, gente de la que puede aprender, gente a la que quizás quiera conocer más. En general, las preguntas que haremos pueden ayudarlo a hacer más.

Por lo que aquí van algunos ítems en los cuales pensar respecto de la capacidad técnica:

¿Sus ideas y opiniones son aceptadas fácilmente? ¿O sus sugerencias son frecuentemente cuestionadas y rechazadas, a menudo porque se las considera imprácticas?

¿En qué medida requieren los demás su conocimiento? ¿Se le pide a menudo tomar decisiones referidas a cuestiones técnicas? ¿O la gente parece no confiar en su conocimiento práctico?

¿Usted se mantiene actualizado con nuevos desarrollos en su sector? ¿O se inclina a seguir haciendo las cosas como siempre?

Piense en esas preguntas. Mientras lo hace, aquí van algunas acciones específicas que puede desarrollar para elevar su capacidad técnica y también para asegurarse que sea reconocida.

Asegúrese de leer las revistas y acceder a los principales sitios de internet de su área. Aprenda los nombres y títulos de los ejecutivos de las principales empresas. Esté en condiciones de analizar nuevos productos y servicios desde una perspectiva operativa. Asegúrese de manejar con comodidad las palabras claves y la jerga que usan los expertos de su sector para reconocerse. Lo más importante, haga un esfuerzo real por aprender el lado técnico de su área. Si lo puede hacer, se distinguirá de la vasta mayoría de las personas que hoy ocupan cargos gerenciales. Decididamente vale el esfuerzo. Siendo competente técnicamente, se lo considerará como inmensamente valioso y, al volverse más escasa la capacitación técnica, también se lo verá como una persona total e inolvidablemente original.

¿TIENE QUE COMUNICAR UNA FALLA?

Hemos visto cómo puede destacarse dominando las cuestiones técnicas de su área. Como corolario de ello, también necesitará comunicar lo que sabe a la gente con la que trabaja. Todos hemos conocido gente que dominaba su campo, pero que no había logrado dominar la manera de compartir lo que sabían.

Lo raro es que la gente que no es buena comunicadora a menudo no advierte que tiene este problema. Un ingeniero puede llenar un pizarrón con diagramas y números y esperará que quienes lo escuchan sepan exactamente lo que significa. En los hechos podría ser incomprensible para todos. Puede ser totalmente ininteligible y lo que es aún peor, nadie lo reconocerá. Por lo que ahora mismo concentrémonos en evaluar su capacidad de comunicar y también en mejorar esa capacidad. Después de todo, ser un pensador original no vale mucho si nadie entiende lo que está pensando. Si ese es el caso, puede ser inolvidable, pero no por los motivos que quiere serlo.

Aquí presentamos algunas preguntas e ideas para ayudar con esto.

¿Disfruta estar en compañía de la gente con la que trabaja? Esto puede ser una buena manera de saber si disfrutan estar con usted. Una vez se le preguntó a Marlon Brando si se consideraba el mejor actor de Hollywood. Esa era una pregunta traicionera, pero Brando la contestó de modo creativo. Dijo: "No importa si soy el mejor actor. Soy el mejor posicionado. La gente me conoce y quiere tenerme cerca. Hago que la vida sea interesante para la gente que me rodea. Me divierte y los divierte. No soy siempre un tipo agradable, pero nunca soy el mismo tipo. Por eso los estudios quieren ponerme en películas y es por lo que el público me quiere ver en ellas". ¿Es como Brando en este sentido? ¿Se reúne con sus colegas incluso cuando no tiene que hacerlo? Si la respuesta es sí, va por buen camino. Si la respuesta es no, pregúntese: ¿Con quién preferiría estar? Entonces piense en cómo puede hacer un cambio de carrera en esa dirección.

¿Se comunica con sus colegas, incluso cuando no es estrictamente necesario, por teléfono, correo electrónico o en persona? ¿O se siente más cómodo solo? Probablemente nunca haya habido una persona con más problemas en esta área que Howard Hughes. Era indudablemente un experto técnico y por cierto que era inolvidable. Podía diseñar un avión, pilotearlo y también dirigir una película sobre ello. Pero le resultaba muy, pero muy difícil relacionarse personalmente con sus empleados. Hughes una vez entrevistó a un postulante para un cargo técnico. Al final de la entrevista, Hughes dijo que no pensaba que el hombre fuera adecuado para ser ingeniero, pero había otro puesto disponible que le podría resultar interesante. La paga era la misma que para el cargo de ingeniero y este trabajo era, en realidad, mucho más simple. Todo lo que el candidato tenía que hacer era quedarse sentado en una suite de hotel de nueve a cinco, cada día, pero si el teléfono sonaba alguna vez, tenía que contestar al primer llamado. Nada más. No se le daría más información y no se le harían más preguntas. Era solo cuestión de atender el teléfono al primer llamado. El hombre aceptó el empleo y pasó tres semanas en el cuarto de hotel. El teléfono nunca sonó y ya no lo pudo soportar. Renunció.

Esto puede sonar como un ejemplo sin sentido, pero es esencialmente lo que sucede cuando se encarga una tarea sin comunicar el propósito y el sentido. Ese propósito puede ser claro para usted, pero eso es solo el comienzo. Entonces debe clarificarlo para los demás. Si no puede hacer eso, mejor que tenga tanta plata como Howard Hughes, porque las perspectivas de hacer carrera pueden verse severamente limitadas.

Unas cuantas cuestiones más:

Si tiene una diferencia de opinión con alguien, ¿siente que siempre tiene que ganar? Si es así, elija cuidadosamente sus palabras. El modo en que se exprese se recordará mucho después de que lo que dijo se haya olvidado.

Si alguien es blanco de la ira de otra persona, ¿instintivamente se pone de parte de una de las dos personas? No se apresure a juzgar aunque lo hagan los demás. En cualquier disputa hay dos puntos de vista y también está la opción sabia de no involucrarse si no tiene que hacerlo.

Por sobre todo, destacarse como jefe o empleado significa mantener un equilibrio delicado. Es bueno ser sociable, pero no es bueno ser sociable y nada más. Es bueno circular dentro de la cultura de la organización, pero no es bueno pasar el tiempo charlando.

"¡Les gusto realmente!".

Cuando la actriz Sally Field dijo esas palabras al aceptar un Oscar, se refería a algo que mucha gente comparte. Los estudios muestran que tres cosas pasan por la mente de la gente cuando conocen a alguien. Primero, evalúan la inteligencia y la educación del recién venido. ¿Es alguien que conoce el mundo como yo o estamos en niveles radicalmente diferentes? ¿Es alguien significativamente por debajo de mí intelectualmente o me siento intimidado por este Einstein?

Como persona con clase, es mejor no ser percibido en cualquiera de los extremos del espectro. La mayoría de la gente se siente incómoda con genios y decididamente le molestan los que posan de intelectuales. También molestan los que no tienen nada en la cabeza, así que actúe en concordancia.

El segundo juicio que hacemos respecto de la gente que recién conocemos concierne a las finanzas. ¿Esta persona es rica o lo opuesto? ¿Usted usa la tarjeta de crédito para pagar sus compras diarias o es el dueño de la compañía que emite la tarjeta de crédito?

De nuevo, no es beneficioso ser visto como alguno de los extremos. Tal como sucede con la gran inteligencia, es difícil identificarse con la gran riqueza. Y esta presencia de alguien con problemas financieros, en realidad, puede asustar a mucha gente. Por lo que tenga presente que la gente que recién conoce está pensando en cuestiones de dinero y trate de no permitir que el dinero se convierta en un punto de distanciamiento.

De modo que muy pronto la gente evalúa si alguien nuevo es inteligente y si es rico. Pero el tercer elemento de evaluación es decididamente el más importante y es una cualidad a la que nos referimos hacia el final del capítulo anterior. La tercera cosa que se pregunta una persona es si puede ser su amigo o amiga. No si los puede ayudar a avanzar en su carrera, no si les ganaría o no en el golf, sino si usted puede ser su amiga o amigo. Es lo que más quieren los seres humanos de alguien que recién conocen y Dale Carnegie fue una de las primeras personas en dejar eso en claro.

No es fácil definir lo que encenderá la amistad en otra persona. Pero la capacidad de encender esa chispa es el elemento más importante para destacarse entre la multitud de gente que pasa por nuestra vida. Con cuatro breves principios —uno de ellos es solo una palabra— Dale Carnegie se aproximó más que nadie a revelar el secreto de la amistad, que es literalmente el secreto del éxito. Nuestro tema en este capítulo ha sido de qué manera puede destacarse como alguien original e inspirado, y estos puntos sin duda lo ayudarán a hacerlo. Pero sugiero fuertemente que los tenga en mente como la base de todo lo que escuchará en estos capítulos. Recuerde, la amistad es lo que más quieren los seres humanos y así es como podrá brindarla:

Primero, interésese genuinamente en los demás. Genuinamente es la palabra clave. No pretenda. Entrénese para interesarse realmente en la vida de los demás. Usted mismo puede ser fascinante, pero eso no significa que usted sea el único fascinante. Muestre a la gente que entiende eso.

Segundo, recuerde que el nombre de una persona es para esa persona la palabra más importante en cualquier idioma. Concéntrese en recordar el nombre de cualquier persona cuando la conoce. Use el nombre en su conversación para no olvidarlo.

Tercero, haga sentir importante a la otra persona y hágalo sinceramente. Nuevamente, la sinceridad es lo importante. Un proverbio antiguo dice: "La sabiduría es la capacidad de aprender algo de todos". Si quiere ser sabio, si quiere ser inolvidable, si quiere tener clase, encuentre la cosa importante que puede aprender solo de una persona: la persona con la que está hablando.

Cuarto y último es un principio de una sola palabra: sonría. ¿Qué puede ser más simple? Sonría. ¡Sonría ahora mismo!

CAPÍTULO CUATRO
Honestidad con honor

Vivimos en una sociedad que valora mucho la capacidad de comunicación. También nos hemos vuelto bastante sofisticados en cuanto a cómo puede expresarse esa capacidad. Nos gusta la gente que es capaz de expresarse bien, pero también advertimos que hay más de una manera de hacer eso.

En el capítulo 1 vimos cómo el presidente Kennedy pudo causar una impresión favorable en su debate con Richard Nixon. Pero Ronald Reagan y Barack Obama fueron igualmente efectivos en sus propios debates, aunque tuvieron estilos completamente diferentes. Sí tuvieron una cosa en común: cada uno de ellos fue inolvidable.

Teniendo en cuenta esto, ¿es posible sacar conclusiones generales respecto de lo que incluye la buena comunicación? Hay ciertos principios que subyacen decididamente a toda comunicación efectiva, pero la cantidad de maneras en que esos principios pueden ser aplicados es casi infinita. De hecho, hay tantas maneras de aplicar los principios como hay gente para aplicarlos. Por lo que preste atención. Para el final de este capítulo sabrá qué estilo de comunicación lo hará una persona con clase inolvidable.

DECIR LA VERDAD

La base de la comunicación efectiva puede expresarse en una palabra: *honestidad*. Eso significa *decir la verdad*. Para nuestro propósito aquí, vamos a dar por sentado que usted acepta esta premisa. Tener clase no incluye hacer nada engañoso. Hacerse inolvidable no significa recortar los bordes de la verdad. Pero usted va a ver que hay distintas maneras de expresarse de modo honesto, lo que no solo va en su beneficio sino también en el de quienes lo escuchan.

A veces, por ejemplo, será lo mejor tomar el camino más corto y rápido a la verdad. Chicken Little no se anduvo con vueltas. Directamente dijo: "¡Se cae el cielo!". Era una verdadera emergencia o al menos él lo creyó así, y quería transmitir la información esencial en el menor tiempo posible. Aunque no sea una emergencia, a alguna gente hay que hablarle muy directamente. Eso es lo que quieren y es lo que necesitan.

La palabra que usaremos para indicar esta forma directa de comunicación es franqueza. En general, la franqueza es algo que la mayoría de los estadounidenses dicen apreciar. "Solo los hechos, señora"… Así nos gusta. O al menos eso es lo que decimos.

Veamos rápidamente un ejemplo del valor de la comunicación franca y los problemas que pueden surgir si no la hay.

Janice es la directora de marketing de una compañía de artículos para el hogar de la costa este. Una mañana fue convocada inesperadamente a una reunión con su supervisor y el jefe de operaciones de la firma. El propósito de la reunión fue hablar de maneras de mejorar la comunicación.

Pero, para sorpresa de Janice, parecía que la mayor parte de la discusión ya se había dado sin ella. Se le dijo que una cantidad de sus responsabilidades ahora serían tercerizadas a un contratista independiente.

Janice había estado con la compañía por diez años. Se sintió dejada de lado. Entendía que a veces son necesarias las reorganizaciones, ¿pero por qué no había sido parte de las discusiones iniciales? Lo que es más, ¿por qué se le había dicho que sería parte de una discusión para descubrir que esta ya se había dado?

En realidad, el motivo era simple. Los supervisores de Janice consideraron que si hablaban francamente con ella de lo que planeaban, se iba a enojar. Quizás tenían razón. Pero se enojó aún más cuando fue excluida de las deliberaciones.

Lo que se dio en este caso fue una forma de deshonestidad. En un sentido más general, fue falta de clase. La clase, como recordará, se basa en asumir plena responsabilidad por sus ideas y acciones. Lo que se dio aquí fue lo opuesto de asumir responsabilidad. Fue tratar de diluir la responsabilidad de modo que nadie tuviera que hacerse cargo, ni siquiera los principales directivos de la compañía. En vez de buscar hacerse inolvidables, trataban de hacerse invisibles.

Incluso los altos ejecutivos intentan a menudo evitar discusiones directas con la gente que será afectada por una decisión. En vez de ir directamente al jefe en cuestión, los ejecutivos tratan de lanzar globos de prueba con otros en la compañía para medir la reacción y tener apoyo. Pero eso solo genera rumores, erosiona el trabajo en equipo y fundamentalmente socava la comunicación.

¿Qué habría hecho Janice si hubiese sabido que se iba a encontrar con este tipo de deshonestidad? ¿Qué podría haber hecho con clase para proteger sus intereses?

Idealmente, Janice habría desarrollado una relación tan de confianza con sus supervisores que no les hubiera provocado temor la comunicación franca. Es cierto que si fueran mejores ejecutivos no hubiese tenido temor por empezar, pero no todos son tan competentes como debieran. Segundo, si Janice sospechaba que estaban por hacerse cambios, ella misma podría haber hablado con franqueza incluso cuando los demás no lo hicieran. "¿Hay algo de lo que tengo que ser consciente?", hubiese sido una buena manera de decirlo. A veces hay que insertarse en la comunicación. Esto no es ser prepotente o insubordinado. Es simplemente asegurarse de que sus intereses se tienen en cuenta, especialmente por motivos insignificantes. Es literalmente hacerse inolvidable en un sentido práctico.

Incluso después de que se le impone una decisión como jefe, no necesariamente debe ceder ante ella. Si un jefe percibe que se están tomando decisiones respecto de él a sus espaldas, está bien preguntar: "¿Hay algo que hice que lo haga renuente a hablar conmigo? Y si lo hay, quisiera hablarlo ahora para poder participar plenamente en lo estamos haciendo". Hablar francamente de este modo da una salida para tener una conversación o fuerza una salida si eso es lo que se necesita.

Respecto de la franqueza, hay una cosa más a tener presente. Ser franco casi siempre incluye cierto riesgo. Si piensa hablar francamente y cree que no hay riesgo, probablemente no esté hablando de modo franco realmente. Piense en fábulas tales como "El rey está desnudo", en la que un chico pone en riesgo su vida por decir la verdad de modo directo. Se requiere coraje para ser franco. Hay que tener clase. Pero cuando siente que la honestidad debe comunicarse de modo muy directo, realmente no hay opción.

GANAR SUS CORAZONES Y SUS MENTES

Su estatus como persona con clase se enfrenta a sus mayores desafíos —y también sus mayores oportunidades— cuando necesita lograr la cooperación de otros. Esto es especialmente válido cuando los demás tienen ideas u opiniones distintas a las suyas. Situaciones como esas requieren un cuidadoso equilibrio de recursos. Puede requerir fortaleza personal tan solo confrontar la situación. A primera vista a menudo parece más fácil pretender que no existen diferencias que iniciar una acción para trabajar en favor de una solución mutuamente aceptable. Se requiere sensibilidad para descubrir los verdaderos objetivos de otra persona por medio de preguntas y de escuchar cuidadosamente y sin juzgar.

Muchos de los principios sobre los que escribe Dale Carnegie en *Cómo ganar amigos e influir sobre las personas* se refieren directamente a la comunicación. Tenga en mente los siguientes puntos:

- *Para sacar el mayor provecho de una discusión… evítela.*
- *Muestre respeto por la opinión de la otra persona. Nunca le diga a una persona que está equivocada.*

- *Si usted está equivocado, admítalo rápido y enfáticamente.*
- *Comience de modo amigable. Logre que la otra persona diga "sí" inmediatamente.*
- *Deje que la otra persona sea la que más hable.*
- *Deje que la otra persona sienta que la idea es suya.*
- *Hable suavemente.*
- *Sonría donde sea apropiado.*
- *Si no puede evitarse una confrontación, no sienta que tiene que lograr una rendición incondicional. Siempre dé a la otra persona una salida para una retirada honorable.*

RESOLVER CONFLICTOS

Este abordaje inteligente de la resolución de conflictos no es tan fácil como podría parecer. A veces puede no sentirse calmo, racional o abierto. El psicólogo William James escribió: "La acción parece orientarse de acuerdo a los sentimientos, pero, en realidad, la acción y el sentimiento van juntos; y regulando la acción, que está bajo control más directo de la voluntad, podemos regular indirectamente el sentimiento".

Dicho de otro modo, cuando adopta las acciones de una persona calma y racional, usted se vuelve calmo y racional. Cuando actúa abierto, su mente efectivamente se abre. Y casi mágicamente la persona con la que usted está interactuando refleja esas conductas y adopta los mismos sentimientos.

DIPLOMACIA

A veces la gente que no se expresa bien tratará de convertir esto en una virtud. "Quizás no me maneje muy bien con las palabras —dirán—, pero al menos saben que quiero. Al menos soy honesto".

¿Cuáles son las bases de una afirmación como esa? Primero, está la implicancia de que la gente que se maneja bien con las palabras es sospechosa de deshonesta. Tal idea es equivocada. La honestidad puede adoptar muchas formas. No todos quieren que se les hable de modo directo. No todos quieren hablar de forma directa.

Los comunicadores inolvidables son personas que saben lo que quieren decir, pero también son conscientes de las necesidades de la gente que los tienen que escuchar. Veamos lo que eso involucra, paso a paso.

DIPLOMACIA EN ACCIÓN

Antes que nada es importante establecer una buena relación. Las conversaciones francas pueden ser confrontativas —es de esperarse que de un modo positivo— pero la comunicación diplomática siempre debe desarrollarse en un ambiente de buen trato. Puede haber mucho más bajo la superficie, pero eso no necesita explicitarse. Esto no significa que uno está siendo deshonesto. Solo significa que está siendo diplomático.

A continuación plantee el problema de modo calmo y compuesto. Un tono de juicio o acusatorio casi nunca es útil. Simplemente da a la gente una excusa para levantar las defensas y responder de modo personal. Si está lo suficientemente enojado, puede sentirse tentado de desmerecer los logros de la otra persona y decirle que él o ella no vale nada, pero nuevamente, esto solo generará una respuesta similar. Aunque usted haya encontrado a una persona en un caso claro de deshonestidad e insubordinación, usted debe hallar la manera de mencionar que ella ha hecho un buen trabajo.

Asegúrese de permitir a la otra persona contar su lado de la historia, aunque ella no tenga mucho que decir en este sentido. Lo importante es que usted claramente le ofrezca una oportunidad. Asegúrese de escuchar respetuosamente lo que se diga. Una vez más, evite la discusión o confrontación.

Haga sugerencias constructivas. Asegúrese de que estas se expresen de un modo que no resulte desmerecedor de las personas o que las humille. Ponga el énfasis en el qué más que en el quién. Base la discusión en la acción mala, no las fallas de carácter de la persona que la cometió. Aliente un cambio positivo a través de preguntas efectivas y la escucha activa. Luego orqueste un seguimiento que no sea amenazante tanto para medir los avances como para hacer nuevas correcciones.

Termine la entrevista tranquilizando al empleado respecto de su valor para la organización. Si realmente actuó con clase, la persona saldrá de la entrevista motivada para cumplir con las sugerencias hechas. Esto no será por temor sino porque ve un futuro positivo con usted y con la organización.

Una última táctica para tener presente. A alguna gente le puede resultar fácil, a otra difícil. No alce la voz. Una vez que los decibeles pasan un cierto nivel en un encuentro entre dos personas, no surge nada positivo de allí. Decididamente pueden pasar cosas cuando la gente se grita, pero no van a ser cosas buenas. Una de las peores cosas que cualquiera puede decir sobre un jefe es que es un "gritón" o una "gritona".

Teddy Roosevelt decía "hable suavemente y lleve un gran garrote". Y si no tiene un gran garrote hable suavemente de todos modos.

DISCIPLINA, EL ÚLTIMO INGREDIENTE

Luego de más de treinta y cinco años como ejecutivo de seguros en Chicago, Jim está listo para jubilarse. Con su esposa Joyce habían comprado una casa en Florida y estaban decididamente entusiasmados con no tener que soportar por primera vez el invierno del medio oeste. Incluso estaban entusiasmados con el largo viaje en auto a Florida. No había apuro y podían tardar todo lo que quisieran en llegar a su nuevo hogar.

Resultó que llegar allí llevó más de lo que querían. Estaban atravesando el norte de Alabama alrededor de las diez de la mañana cuando escucharon un fuerte ruido debajo del auto. No fue una explosión sino más bien un sonido de algo metálico roto, seguido de un traqueteo continuo y fuerte. Fuera lo que fuese, no era algo bueno. Jim inmediatamente desaceleró el auto casi al paso de un peatón y se abrió al carril de la derecha de la carretera. Por suerte, había una salida a pocos metros, por lo que al menos no estarían parados en la banquina de la ruta interestatal. Yendo lo más lento posible,

Jim avanzó hacia la rampa de salida. El traqueteo aún se escuchaba, pero más lento, en proporción a la velocidad del auto. Jim y Joyce no dijeron nada, solo se miraron. Habían pasado muchas cosas a lo largo de los años, pero no habían esperado que la jubilación fuera así.

Al llegar a la cima de la rampa, Jim se alegró de ver una estación de servicio adelante. Yendo aún lo más lento posible, llegó a la estación y apagó el motor.

Allí Jim y Joyce encontraron a Norm, un hombre que llegarían a conocer bastante ese día. Norm se veía como si no hubiera cambiado su ropa de trabajo desde los tiempos de Kennedy, pero obviamente sabía arreglar un auto. Aunque era un hombre de gran porte, Norm inmediatamente se metió debajo del chasis con la agilidad de un lagarto de patio.

"Miren eso", anunció desde debajo del auto. "Debe haber habido un pedazo de cadena de neumático para la nieve tirado en la ruta, porque eso es lo que tiene enredado en el eje. Y muy ajustado. E hizo un agujero en la parte de abajo del chasis".

A Jim no le gustó lo que escuchaba. No sabía demasiado de autos, pero intuyó que estaban empezando unas horas poco agradables. Mientras tanto, Norm emergió de debajo del auto y dijo: "¡Qué desastre!".

Jim preguntó: "¿Y qué hay que hacer para arreglarlo?".

Norm sacudió la cabeza lentamente, como si le hubieran pedido que deletreara una palabra extremadamente complicada. "Es difícil saberlo en este punto. Primero tenemos que sacar la cadena del eje. Tendré que usar una soldadora para eso y tendré que ser realmente cuidadoso además. Entonces veremos cuánto daño hay en la parte de abajo del auto. Quizás haya que soldar algo. No puedo decirle todos los detalles en este momento".

"Supongo que puedo entender eso", dijo Jim. "¿Pero qué costo estima?".

"Como dije, no puedo darle todos los detalles en este momento". Entonces Norm se quedó callado. No necesitaba decir: "¿No tiene mucha opción verdad?", porque eso ya estaba perfectamente claro.

Antes de decirle a Norm que empezara el trabajo, Jim llevó a su esposa a un costado para una conversación en privado. "Si así va a ser estar jubilado, prefiero volver al trabajo".

Joyce sonrió. "Quizás tengas que volver al trabajo, porque realmente podríamos vernos demorados aquí". Pero luego agregó: "Tratemos de verlo como una comedia en vez de una tragedia. Estamos aquí así que al mal tiempo buena cara. La cosa podría ser mucho peor. Dile que empiece así nos podemos ir lo antes posible".

En pocos minutos Norm tenía al auto en la fosa. En tanto, Jim y Joyce decidieron explorar el área en torno de la estación de servicio. No había absolutamente nada que hacer. Había otra estación de servicio al otro lado de la interestatal y eso era todo. Entonces comenzó a llover. Pasaban los camiones a toda velocidad en la ruta, salpicando a los costados. No había nada que hacer más que refugiarse en el área de servicio donde Norm estaba trabajando en el auto.

Mientras trabajaba, Norm hablaba. Habló de su familia, sus perros, sus autos, su casa, su techo y su sótano. Pero más que nada habló de fútbol. Parecía poder recordar cada detalle de cada juego que jamás había habido de la Conferencia del Sudeste. A veces se entusiasmaba tanto con lo que decía que dejaba de trabajar para describir una corrida o intercepción crucial.

Luego de varias horas de esto, Jim llevó a Joyce a un costado nuevamente. "Siento que trata de ir lo más lento posible", dijo Jim. "Trata de prolongar la cosa. No es un mecánico. Es un asaltante".

Joyce siguió tratando de calmarlo. "Piensa en esto como un desafío. Algún día vamos a reírnos de esto".

Cerca de las cinco de la tarde, Norm finalmente dejó de lado la soldadora. El trabajo había llevado todo el día. "Bueno fue un trabajo grande", le dijo a Jim y Joyce. "Pero nos dio la oportunidad de conocernos, ¿verdad?".

"Sí, por cierto", contestó Jim, con una sonrisa forzada. "¿Cuánto le debemos?".

Norm lo pensó un momento luego agitó la mano. "No se preocupe. Lo hago gratis. Pero el partido de 1974 fue muy disputado…".

Lo que Jim y Joyce vivieron fue una posibilidad de realmente hacerse de amigos e influir sobre la gente y lo aprovecharon al máximo. Aunque no era fácil, convirtieron un conflicto potencial en una oportunidad de comunicarse, no solo en cuanto a lo dicho, sino en lo que se sintió. Como resultado, conseguir que les arreglaran el auto no fue solo gratis.

Fue inolvidable. Hacer que eso suceda es lo que significa tener clase.

CAPÍTULO CINCO
Escuchar: La herramienta de comunicación clave

De todas las herramientas de comunicación, escuchar efectivamente puede ser lo decisivo en sus relaciones con los demás. Pero escuchar no es algo natural para la mayoría de la gente. Requiere cierto trabajo, especialmente cuando uno recién está aprendiendo a escuchar efectivamente.

Lamentablemente, la mayoría de la gente no escucha con atención. Solo trata de quedarse callada hasta que llega su turno de hablar. Quizás sea la naturaleza humana sentir que simplemente puede meterse en una conversación y comenzar a hablar, o al menos querer hacer eso. Pero esta es una de las muchas áreas donde la clase le requerirá resistir sus impulsos iniciales. Por lo que no se limite simplemente a reaccionar. Asuma el control.

Debido a que la capacidad de escuchar bien es una herramienta tan valiosa, se ha dedicado una cantidad significativa de investigación a comprenderla. Se ha creado todo tipo de metáforas y terminologías para describir el escuchar. Pero el mensaje central de todos estos sistemas es el mismo: hay algo más que la mera comprensión de palabras.

A veces escuchar bien tiene tanto que ver con el silencio como con los sonidos. Los que saben escuchar dan a los demás la posibilidad de quedarse callados así como les dan la posibilidad de hablar. Escuchar en el sentido más cierto incluye muchos factores no verbales y no audibles, tales como el lenguaje corporal, las expresiones fáciles, supuestos culturales, y las reacciones de los que hablan y escuchan entre sí.

Obviamente la experiencia de escuchar varía de una persona a otra. También depende del contexto: quién le habla a quién, cuál es el tema, y dónde se realiza la conversación. Escuchar a un agente de policía que lo detuvo en una parada es distinto de escuchar a su hija de ocho años o a su suegro de ochenta años.

Las categorías enumeradas a continuación describen varios niveles del escuchar, desde la de menor atención a la más enfática y beneficiosa. Al leerlas, piense acerca de su relevancia para su propia capacidad de escuchar. Sea consciente de que, para hacerse inolvidable, tiene que dar a la gente toda su atención cuando habla con usted. ¡Eso es lo que hace la gente con clase!

ESCUCHAR "AUSENTE" (O NO ESCUCHAR EN ABSOLUTO)

Está sentado con una vaga conciencia de que alguien le habla, pero hasta allí llega la cosa. Está a un paso de ignorar directamente a la persona. A veces la escucha mínima es la cosa apropiada. Si escucha la diatriba de alguien que está decidido a darle una lección por su propia satisfacción, lo mejor puede ser simplemente estar allí físicamente mientras mentalmente está de vacaciones en Hawai. Pero asegúrese de que esta sea una elección consciente y bien ponderada, no solo un acto reflejo descortés.

ESCUCHA MÍNIMA

Escuchar ausente es básicamente una calle de una sola mano. Alguien habla y usted está allí pero no realmente. Su participación en la forma de lenguaje corporal o respuestas verbales es básicamente cero. La escucha mínima, sin embargo, reemplaza el soñar despierto con una participación al menos mínima en la conversación. Usted escucha y responde a lo que se dice, aunque sus respuestas son "prefabricadas". Le dice a la otra persona lo que cree que quiere oír para que se sienta cómoda. Lamentablemente esto es a menudo como tratamos a los niños y las personas mayores. También es común en el ambiente de trabajo, cuando un supervisor tiene que escuchar las quejas de un empleado molesto. Como oyente mínimo, sus intenciones son buenas pero aún escucha poco. A veces esto se hace evidente para el que habla. Pero debido a que la escucha mínima se da, por lo general, cuando hay una disparidad significativa de edad (o de poder corporativo) de las partes, los que hablan, habitualmente, no expresan su desilusión en voz alta. Pero en su interior, sin duda, estará pensando: "¡*Por favor*, puede prestar un poco de atención real a lo que digo!".

"LO ESCUCHO PERO AQUÍ SE TRATA DE MÍ"

Este probablemente sea el nivel de escucha más común entre personas que no son familiares, colegas de larga data en el trabajo o amigos cercanos. Aquí tiene cierto interés y quizás cierta flexibilidad con respecto a las palabras que se dicen y sus reacciones, pero debido a que no piensa objetiva y puramente, impone su propia interpretación a lo que oye, haciendo que las palabras encajen en lo que quiere o espera. Es un tipo de audición proyectiva como el segundo nivel, pero normalmente no será consciente de que eso es lo que está haciendo hasta que se lo dicen. Este tipo de escucha es riesgoso. Puede dejarlo con una interpretación equivocada de los datos y sentimientos. Está oyendo y recibiendo información, pero debido a que tiene un punto de vista firmemente opuesto o distinto, no está preparado para abrir la puerta al cambio. Escucha las palabras del que habla a través del filtro de sus creencias preexistentes. A veces esto lo llevará a acordar por anticipado con el que habla o también puede llevarlo a desacordar. A menudo, esto se expresa como un deseo de contar su propia historia —que probablemente es *mucho* mejor, ¿verdad?— en cuanto se presenta la menor abertura. Una vez que sea consciente de esta tendencia, se sorprenderá de descubrir cuan a menudo lo hace usted o se lo hacen a usted los demás.

ESCUCHAR "SOLO LOS HECHOS"

Especialmente entre hombres, la comunicación interpersonal puede adquirir la forma de un intercambio puro y simple de información. Para las mujeres un objetivo clave de cualquier conversación amigable es crear una buena relación y establecer una conexión emocional. Estas expectativas distintas pueden llevar a frecuentes malentendidos. "Solo los hechos" está bien cuando el propósito de la comunicación es únicamente para transmitir eso, pero es inadecuado para manejar sentimientos y motivos. Pero conectar con sentimientos y motivos es, muy a menudo, una parte esencial de por qué la gente quiere hablar entre sí, las circunstancias por detrás de las palabras o sonidos superficiales. Este tipo de escucha puede llevar a ganar una batalla y perder una guerra; puede ser una táctica efectiva de corto plazo pero no una buena estrategia de largo plazo.

ESCUCHA EMPÁTICA

Esto se acerca más al paquete completo. Incluye sensibilidad a las palabras, entonaciones, lenguaje corporal y expresiones faciales. También incluye retroalimentación. Requiere que usted reconozca cómo se siente la otra persona. Usted es capaz de *ver* y *sentir* la situación desde el punto de vista del otro. Usted es franco y honesto al expresar desacuerdos, pero al mismo tiempo se esfuerza por lograr una genuina comprensión.

ESCUCHA ÓPTIMA

Más que la escucha empática, esto incluye un componente orientado a la acción. No solo escucha lo que se dice, sino que su escucha lleva naturalmente a que usted sugiera ideas para cambios positivos por parte del que habla. O incluso puede ofrecer actuar en favor del que habla. Esto no significa tomar decisiones por la otra persona. Es solo que la escucha óptima contiene un fuerte elemento de ayudar a alguien a entender sus opciones. Más que cualquiera de los niveles precedentes, en la escucha óptima los intereses de la otra persona son el centro.

UNOS CUANTOS ERRORES COMUNES

Cuando hay malentendidos, especialmente en el lugar de trabajo, los problemas se atribuyen, por lo general, al que habla. Creemos que es responsabilidad del que habla transmitir claramente lo que sea el mensaje. ¿Pero qué hay del que escucha? Hay un malentendido básico aquí: vemos el hablar como una capacidad, sin advertir que el escuchar también es una capacidad que puede adquirirse, mejorarse y perfeccionarse.

Para ver cómo puede darse esto, comenzaremos con una visión general de algunos errores comunes que cometen los que escuchan. Luego introduciremos algunas herramientas prácticas, no solo para eliminar errores sino para lograr que usted escuche del modo más efectivo posible.

Tenga en cuenta que los rasgos que se analizan a continuación no son en sí mismos buenos o malos. A veces es justo lo que hace falta. Pero como sucede con toda la conducta interpersonal, la clave es asumir opciones conscientes con plena comprensión del efecto de las mismas.

Ensayar. Esto se da cuando su atención está puesta no en lo que escucha sino en lo que piensa decir en cuanto haya una oportunidad. Puede verse interesado, pero su pensamiento está concentrado en qué decir a continuación. Alguna gente incluso planifica toda una secuencia de diálogo. "Yo diré esto… entonces ella dirá aquello… y entonces yo diré…".

Evaluar. Si prejuzga que el que habla es incompetente o nada interesante, puede estar en lo cierto, pero también podría estar creando esos mismos rasgos que critica.

Jugar a "superar". Este término, que fue acuñado por el dotado Zig Ziglar, refiere a la tendencia a tomar todo lo que escucha y referirlo a su propia experiencia, que por supuesto es mucho más interesante que la del que habla. El que le habla le cuenta de un pez que atrapó y usted se pone a contar una historia acerca de cómo atrapó un pescado aún más grande. La mayoría de la gente que juega a "superar" no puede esperar a que el que le habla termine de hacerlo.

"Dueños de la verdad". Usted es el gran solucionador de problemas. No necesita escuchar más que unas cuantas frases para revelar su sabiduría y comprensión. ¿Pero lo que sabe es congruente con lo que escucha? A pocos "dueños de la verdad" les importa realmente.

Buscar fallas. Usted desacuerda solo porque cree que es divertido estar en desacuerdo, y siente que puede salirse con la suya. Como corolario de esto, hará todo lo posible para evitar aparecer como equivocado.

Aplacar. Esto es lo opuesto de buscar fallas. Pero, en realidad, es otra manera de no estar presente. No importa lo que diga el que habla, le da una respuesta medidamente positiva, solo para evitar una conexión genuina. "Correcto… Absolutamente… Lo sé… Increíble… Sorprendente… ¿De veras?".

Descarrilar. Esto significa cambiar de pronto el tema. Tal como sucede con otros errores de la escucha, a menudo es algo que hace gente que está en posición dominante respecto del que habla.

HERRAMIENTAS PARA ESCUCHAR

Escuchar efectivamente a otros puede ser la herramienta de comunicación más fundamental y poderosa. Cuando alguien está dispuesto a dejar de hablar o pensar y comenzar a escuchar realmente a otros, todas sus interacciones se vuelven más fáciles, y los problemas de comunicación casi desaparecen.

Hay muchas herramientas y técnicas para la escucha efectiva. Pero tal como sucede con cualquier herramienta, son solo efectivas cuando se usan correctamente. Los oyentes hábiles saben cómo adaptar sus respuestas al que habla y la situación. Los oyentes inhábiles producen discordancias. Pueden estar intentando usar las mismas herramientas que un buen oyente, pero la aplicación de las herramientas está mal sincronizada con las circunstancias.

La siguiente es una selección de herramientas para escuchar bien y para la buena comunicación en general. Al leerlas, piense no solo en las herramientas mismas, sino también en situaciones específicas que ha vivido en las que habrían sido especialmente efectivas.

Haga del escuchar una elección consciente, no un reflejo pasivo. Si no está preparado para prestar tanta atención al ser humano sentado enfrente de usted como la que le presta a su pantalla de computadora o su iPod, sea honesto al respecto. De un modo amable diga: "Este no es un buen momento para hablar". Entonces sugiera una alternativa. Si decide escuchar, actúe a partir de esa elección en la mayor medida posible.

Deje de lado sus expectativas. Escuchar realmente a alguien significa oír lo que se dice, en vez de filtrarlo a través de lo que espera o quiere oír. No trataría de escuchar a una persona en medio de las distracciones de un circo o un rodeo. Por lo mismo, no permita que sus distracciones internas —que pueden ser mucho más atrapantes— le impidan prestarle plena atención.

Haga preguntas. Es buena idea hacer tres preguntas acerca de la persona que habla por cada pieza de información que ofrece de sí mismo. Esto vale especialmente cuando ocupa un lugar de autoridad, por ejemplo, si es un jefe escuchando las preocupaciones de un miembro de su equipo. Una vez que sea consciente de este principio, verá lo poco que se actúa de acuerdo al mismo. Es tan raro como otras expresiones reales de clase.

Mantenga contacto visual. Su comprensión de lo que se dice se ve fuertemente afectada por lo que ve tanto como lo que oye. Lo que es más, romper el contacto visual con el que habla transmite un mensaje negativo o incluso hostil. No permita que esto suceda accidentalmente.

Preste atención… y siga prestando atención. Demasiado a menudo la gente deja de escuchar antes de oír todo el mensaje. A veces los que hablan dudan de dar a conocer lo que tienen realmente en mente hasta que la conversación se ha desarrollado bastante. Asegúrese de no irse demasiado pronto. Es buena idea resumir ocasionalmente lo que oyó para probar si realmente entendió.

De última, el secreto de escuchar efectivamente no es más que el respeto básico por otra persona. *Usted escucha, no juzga. En la medida que usted no juzga, la gente estará dispuesta a hablar abiertamente con usted. Y si no hablan de modo abierto, mejor que ni hablen.* Si lo que oye le provoca una respuesta emotiva, acepte plena responsabilidad por sus reacciones. Mantener su compostura incluso cuando siente que lo están provocando es una poderosa expresión de verdadera clase. Esto es especialmente importante cuando la gente comunica algo personal o doloroso. El respeto es distinto a simplemente sentir pena por alguien. Requiere una verdadera comprensión de lo que siente el otro. Una vez que ello ocurre, se han creado las bases para que usted dé su punto de vista.

CAPÍTULO SEIS
Principio apasionado

En la década de 1990, cuando el boom de las punto.com estaba en su pico, no parecía haber límite a lo que se podía hacer —o al dinero que se podía ganar— si se tenía audacia. Y alguna gente tenía mucha audacia. Más recientemente hubo la misma sensación respecto de la propiedad inmueble, que parecía destinada a ver subir sus precios para siempre. Pero "para siempre" resultó ser un tiempo irreal.

¿Qué pasó? ¿Si la gente era lo suficientemente inteligente para dirigir compañías inmensas, cómo podía cometer tantos errores tontos? Pero alguna gente no era tonta. Era simplemente codiciosa. Pero lo que sucedió —y por qué— es menos importante que lo que puede hacerse para prevenir tales eventos en el futuro, especialmente dado que afecta su propia vida y carrera.

Esto plantea cuestiones a muchos niveles. Hay por cierto cuestiones legales y también hay preocupaciones éticas. La verdad es que la ética involucra mucho más que actuar de acuerdo a las políticas de la compañía y a las normas. Es cierto, aparece en los titulares de los diarios cuando no se obedecen normativas formales y es por ese motivo que la mayoría de las organizaciones no tienen problema con estas cuestiones. En cambio, son las "cosas pequeñas" las que causan

problemas. Las acciones diarias, aparentemente insignificantes, representan la mayor área para los problemas éticos, y la
mayor oportunidad para mejorar.

Usted puede olvidar las pequeñas cosas que hace, pero pueden tener impacto significativo en la gente que lo rodea, en sentido positivo o negativo. Pueden determinar si se lo ve como una
persona inolvidable con clase, o como algo totalmente diferente.
Siempre da el ejemplo, lo busque o no. ¿Entonces qué mensaje
está transmitiendo con su acción, sus palabras y actitudes? Pregúntese, por ejemplo, si ha hecho alguna de las siguientes cosas:

¿Se ha ocupado de asuntos
personales en el horario de trabajo?

¿Ha violado conscientemente normas
o procedimientos de la compañía?

¿Ha usado o tomado recursos de la
compañía para propósitos personales?

¿Ha incumplido algo que se
comprometió a hacer?

¿Ha usado un término étnicamente
ofensivo en referencia a otra
persona?

¿Retuvo información que otros
necesitaban?

¿Ha dicho o transmitido una broma
orientada étnica o sexualmente?

¿Falseó información en un
cronograma, factura o cuenta de
gastos?

¿Ha transmitido chismes negativos o
rumores sobre alguien?

¿Ha entregado a sabiendas productos
o servicios que no son de lo mejor?

¿Ha hablado mal de la compañía o
de alguien en ella a sus compañeros
de trabajo?

¿Ha aceptado una dádiva o favor
inapropiado?

¿Transmitió información que se le
confió?

¿Se ha atribuido o aceptado
reconocimiento por algo que hizo
otra persona?

¿No ha admitido o se negó a
corregir un error?

¿Ha permitido a sabiendas que
alguien cometa un error y se meta
en problemas?

¡Es una lista larga! Pero estas y otras acciones aparentemente menores reflejan lo que es y lo que defiende. Cuando se trata de ética e integridad, todo es importante, especialmente "las cosas pequeñas".

LA ÉTICA RECIBE ATENCIÓN

Dov Seidman es autor de un libro con un título provocativo: *HOW: Why HOW We Do Anything Means Everything… in Business (and in Life)* [CÓMO: Por qué CÓMO hacemos algo significa todo… en el trabajo (y en la vida)]. Como explica Seidman en su sitio en la red —howsmatter.com—, la tesis de su libro es que el éxito ya no es solo cuestión de lo que hacemos o cuánto dinero ganamos haciéndolo. Los medios con los que logramos resultados son inseparables del valor de los resultados mismos.

Por cierto que esto siempre ha sido así; la idea de que el fin no puede separarse de los medios no es nueva. Pero Seidman considera que la revolución en las comunicaciones y la alta tecnología han cambiado el juego. Se ha vuelto mucho más difícil para un individuo o compañía sostener una ventaja competitiva basada simplemente en un producto o servicio. La tecnología ha hecho fácil clonar o mejorar lo que se ofrece. Como resultado de ello, las relaciones y la reputación se están volviendo mucho más importantes.

Como dice Seidman:

En un mundo conectado, los individuos y organizaciones que establecen las relaciones más fuertes ganan. En el pasado, nuestros productos o servicios —o los "qué"— eran nuestras claves para el éxito. Hoy, los "qué" se han vuelto commodities, que se copian fácilmente o que se obtienen a través de ingeniería inversa. La ventaja sustentable y el éxito perdurable —tanto para las compañías como para la gente que trabaja para ellas— ahora pertenecen al dominio del "cómo".

Hoy cómo nos comportamos e interactuamos con los demás es el diferenciador último. Las cualidades que la mayoría consideraba en un tiempo como "blandas" —integridad, pasión, humildad y verdad— se han convertido en la divisa fuerte del éxito en los negocios y los impulsores más poderosos de la reputación y la rentabilidad.

ÉTICA SITUACIONAL

Analicemos algunas situaciones imaginarias que pueden darse en una variedad de ambientaciones. Use su imaginación para ponerse en la situación que describo, luego elija una de las tres soluciones hipotéticas. Probablemente reconocerá la opción éticamente correcta de inmediato, pero sea honesto consigo mismo respecto del camino que realmente tomaría. Si no es el más ético, no se amargue, pero use esta información como señal que indica la dirección en que necesita realmente avanzar.

Este es el primer escenario:

Una organización sin fines de lucro grande está considerando hacer una donación a una escuela para niños con necesidades especiales. Usted ha sido contratado para evaluar las finanzas de la escuela.

Las familias de la mayoría de los niños cumplen los requisitos para recibir ayuda financiera del estado. Usted sospecha que algunas de las familias declaran menores ingresos para poder recibir más ayuda. Sus propias investigaciones muestran que una familia declara menores ingresos a los reales. Como resultado de ello, el paquete de ayuda financiera al niño ha sido incrementado en casi el cincuenta por ciento.

Usted sabe que la niña de esta familia no podría recibir los servicios que recibe de la escuela sin algo de ayuda financiera. Usted también sabe que la niña se está beneficiando física y psicológicamente de los servicios que recibe.

¿Qué haría? Nada, porque el bienestar de la niña pesa más que la necesidad de la escuela de saber la verdad sobre los ingresos de la familia, que de todos modos sería bajo si se informara con precisión. Además, técnicamente, es responsabilidad del estado verificar los ingresos para las cuentas de ayuda financiera.

¿Hablaría con el administrador de la escuela sobre la situación? En realidad, tiene motivos para sospechar que el administrador ya conoce el asunto. ¿Sacar esto a luz podría poner al administrador en una situación peligrosa junto con la familia?

¿O contactaría un abogado o un ente regulatorio basado en su sospecha de fraude?

Piense en ello. Recuerde, esto es solo un ejercicio. No se le va a poner puntaje a su respuesta. Solo trate de ser honesto respecto de la opción que elegiría.

El siguiente escenario hipotético:

Como jefe del departamento de marketing de su compañía, está familiarizado con el lado técnico del uso de computadoras e internet. El presidente de su compañía cree que algunos empleados pasan demasiado tiempo en internet haciendo cosas no relacionadas con el trabajo. Le pide que comience a controlar su uso de internet sin su conocimiento. Desde el punto de vista tecnológico esto es fácil de hacer, pero no está seguro de los principios en juego.

¿Qué haría?

¿Comenzaría a controlar el uso del correo electrónico y la red por los empleados, como pidió el presidente?

¿Sugeriría al presidente que se desarrolle una política aceptable de uso de internet y se haga conocer en toda la compañía?

¿O hablaría informalmente con una cantidad de sus colegas y les contaría de las preocupaciones del presidente?

Ahora el tercer caso:

Está en estudios de posgrado en una universidad importante dedicada a la investigación, buscando doctorarse en química. Ha realizado una serie de experimentos para su disertación. Parte de los datos obtenidos de estos experimentos dan sustento a la teoría que trata de demostrar, mientras que otros hacen lo opuesto.

Su guía académica requiere que publique un trabajo basado en sus investigaciones en una revista científica profesional. Si escribe y publica el trabajo solo concentrándose en los datos buenos que ha obtenido de sus experimentos, estará en camino de obtener el doctorado. Además, es probable que obtenga fondos adicionales.

Por el otro lado, si publica un trabajo con todos sus datos —tantos los positivos como los negativos— correrá un importante riesgo. La organización que financia sus investigaciones podría verse desilusionada y dejar de financiarlo.

¿Escribiría y publicaría un trabajo con todos los datos?

¿Escribiría un trabajo solo con los datos que dan sustento a su investigación?

¿O reestructuraría su proyecto de investigación completamente, basado en la nueva información obtenida?

El siguiente caso:

Usted es ayudante en una firma de diseño gráfico. En su trabajo supervisa la creación de informes anuales y otros documentos. Por lo general, usted escribe los documentos, colabora con un diseñador para diagramarlos, luego trabaja con un impresor externo para imprimir grandes cantidades de los mismos.

Cuando su último folleto está por volver de la imprenta, descubre un error en un título en la tercera página.

¿Llamaría la atención de su supervisor sobre el error, aunque es relativamente menor y probablemente no tendrá impacto alguno en cuanto al mensaje que el folleto busca comunicar?

¿O para ahorrar dinero y tiempo dejaría pasar el error y distribuiría todas las copias del folleto?

¿O hablaría con el artista gráfico que probablemente debió haber visto el error en la producción y le preguntaría qué pasó y por qué? ¿Estaría dispuesto a decirle a su supervisor del error del artista gráfico si el supervisor pregunta al respecto?

Y el último escenario:

Está solicitando un puesto de trabajo como editor en una importante revista de noticias. Actualmente es redactor de otra publicación, pero debido a despidos ha estado cumpliendo numerosas tareas editoriales desde hace casi un año. Quiere que se tome con seriedad su currículum para el nuevo cargo.

¿Cómo se describiría en su currículum?

¿Usaría el título de editor? Porque ha estado cumpliendo tareas de editor al menos por un año y sería equivocado no dejar eso en claro.

¿O usaría su título oficial de redactor en su currículum, aunque no refleje con precisión las tareas que realiza cada día?

¿O inventaría un nuevo cargo que describa mejor lo que hace diariamente? No sería su título oficial, pero transmitiría el mensaje que quiere.

Las situaciones que acabamos de ver no llegarían a los titulares ni serían informadas en los noticieros de la tarde. Pero son el tipo de problemas éticos que la gente enfrenta todos los días. Son el tipo de preguntas que tiene que responder para ser un jefe ético y un ser humano con principios.

Puede encontrarse con alguien que propone una acción que usted cree que no es ética. Ese alguien puede estar por encima de usted en la jerarquía de la compañía. ¿Cómo respondería? ¿"Dejaría correr la cosa para llevarse bien" o incluso "dejaría correr para lograr una promoción"?

Eso es exactamente lo que mucha gente hace. Algunos logran promociones. Algunos incluso pierden sus trabajos o incluso van a la cárcel. Por lo que resista la tentación de comprometer su ética. Asuma una postura firme. Si "simplemente decir que no" parece simplista, aprenda a "decir que no con tacto".

Específicamente, no acuse a la otra persona de violar la ética. En cambio, describa sus sentimientos. Aunque crea que lo que se le ha propuesto es totalmente escandaloso, plantee su preocupación sin acusaciones ni juicios. Concéntrese en yo en vez de usted.

- *Tengo serias preocupaciones sobre eso.*
- *Honestamente creo que es equivocado.*
- *No puedo hacer lo que siento que está mal.*

Entonces proponga alternativas:

- *Creo que sé lo que quiere lograr y hay una manera mejor de hacerlo.*
- *Suponga que probamos esto.*
- *Podemos lograr lo mismo de este modo mucho más simple.*

LA IMAGEN NO ES LA REALIDAD

Ser una persona inolvidablemente ética no es solo cuestión de promover una imagen. Armar una impresión sin crear primero una firme base de principios es el equivalente de usar curitas cuando lo que se necesita es aspirina. Es tratar síntomas en vez de crear buena salud general.

La base para actuar de modo principista está en cómo se siente respecto de sí mismo. Una persona ética tiene una voz interna que dice: "No soy la clase de persona que hace ese tipo de cosas". Los principios apasionados resultan demasiado amenazantes para la mayoría de las personas como para compartirlos abiertamente hasta que tengamos un alto nivel de comodidad con nuestra propia identidad. No puede esperar que la gente lo acepte como ejemplo de persona apasionadamente principista mientras no lo acepte así usted mismo.

Las discrepancias entre sus palabras y sus creencias profundas se revelan de tantas maneras diferentes. A menos que su concepto de sí mismo se sostenga sólidamente, "no puede engañar a todos todo el tiempo". Entonces ni se moleste en intentarlo. En cambio, esfuércese por establecer una fuerte base de principismo apasionado y una identidad inolvidable.

El principismo puede alimentarse de varias maneras. Una herramienta para revitalizar su sentido de autoestima ética es analizar sus logros pasados. Sea específico respecto de esto. Piense en tres logros profesionales y tres logros personales de los que se siente genuinamente orgulloso. ¿A la luz de esos logros qué rasgos, puntos fuertes y características tienen? ¿Qué clase de persona revelan? Esto no es solo alardear. Sentirse orgulloso ahora de lo que ha hecho puede evitar acciones que algún día puedan hacerlo sentir avergonzado.

Eleanor Roosevelt dijo: "Nadie puede hacerlo sentir inferior sin su permiso". Muchos, incluso los más exitosos financieramente, llevamos una valija mental llena de medidas negativas de nosotros mismos. Pueden tener su origen en nuestros padres, maestros, jefes, colegas o incluso nuestra propia imaginación. Pero siempre tenemos la capacidad de replantear esos mensajes y hacer de las creencias positivas nuestra elección consciente.

A veces otros nos dan una imagen positiva de nosotros mismos. ¡Aférrese a ellas! Podría crear una carpeta o usar un cuaderno para coleccionar notas de agradecimiento, de reconocimiento, buenas críticas, evaluaciones positivas y otras evidencias tangibles de sus capacidades. Al compilar estos mensajes positivos, también tómese el tiempo para identificar creencias negativas que pueden estar socavando su sentido de sí mismo.

Una sugerencia. Escriba cuatro autocríticas o creencias negativas que han estado afectándolo. Luego ajuste esos elementos negativos para reflejar una visión más positiva y de aceptación de usted mismo y de la situación. Dé soporte a su visión nueva y positiva con evidencias específicas.

Por ejemplo, puede tener la creencia negativa de que es una persona desorganizada. En realidad, puede ser muy organizado. Simplemente tiene muchísimo que hacer. Por lo que podría escribir algo así: "La semana pasada, además de mis otras responsabilidades, planifiqué una nueva implementación de software. Organicé una reunión, revisé 12 documentos e hice 53 llamadas. ¡Se requiere mucha organización para coordinar todo eso!".

Como escribió Debra Benton en su libro *Lions Don't Need to Roar (Los leones no necesitan rugir)*: "La vida es una serie de relaciones y los negocios son una serie de relaciones con dinero agregado". En los negocios y en la vida constantemente nos vemos desafiados a actuar con y a través de otra gente. Pero puede ser difícil trabajar con otros cuando se entrometen opiniones negativas.

Es tentador creer que la gente que actúa sin ética es distinta de nosotros. Pero las investigaciones muestran que no es así. Cada uno de nosotros continuamente hace una evaluación de riesgos y premios potenciales en todas las áreas de nuestras vidas. Cuando la gente siente que no tiene nada que perder, a veces cruza fronteras legales y éticas. Por lo mismo, la gente que siente que tiene mucho por ganar toma la misma decisión.

¿QUÉ ES LO QUE IMPORTA REALMENTE?

En términos éticos, lo que no puede darse nunca el lujo de perder es la reputación que tiene a los ojos de los que lo rodean y la paradoja es que esa reputación deriva mayormente de su propia visión de sí mismo. Por ese motivo, verse como una persona con clase es más que un premio por lo que ha hecho. Es también una protección contra lo que podría hacer en caso contrario. Por encima de la recompensa monetaria, la ética afecta directamente cómo se siente respecto de sí mismo. Necesita y merece disfrutar su éxito al máximo. Eso no puede suceder si sabe que tomó atajos. Hay un viejo dicho que es útil en este sentido: "Si no defiende algo, se dejará convencer por cualquier cosa". Para tener clase, empiece por defenderse a sí mismo. Véase como una creación que no puede darse el lujo de perder. Al hacerlo, también verá que ser apasionadamente principista responde a sus intereses. No se sentirá tentado de hacer cosas por dinero o poder, porque sabe que ya es rico.

LOS LÍMITES DE LA LEGALIDAD

A escala nacional está claro cómo han respondido los estadounidenses a la cuestión de la ética empresaria: estamos promulgando más leyes. Estamos imponiendo más leyes penales con castigos más duros. En un discurso sobre Wall Street, por ejemplo, el presidente George W. Bush una vez propuso aumentar al doble las condenas por fraude postal, fraude electrónico y obstrucción de la justicia.

Es entendible que se quiera reforzar las leyes, pero es improbable que resuelva los problemas éticos de la vida corporativa. El motivo es que las leyes penales hacen que la gente se concentre en lo que es legal y no en lo que es correcto. Hace cincuenta años, la definición penal de fraude consistía en un puñado de normas y cubría sorprendentemente poco terreno. Por ejemplo, en una compañía por acciones, defender sus propios intereses en vez del de los accionistas no era un crimen. Por supuesto, se lo consideraba malo, pero no estaba sujeto a juicio.

Si un accionista perdía dinero debido a acciones antiéticas de un CEO, el accionista por cierto que tenía derecho a enojarse, pero también operaba el principio de que "el comprador debe estar alerta". Usted sabía o debía saber que la persona en la que estaba invirtiendo podía ser un criminal. Uno corría el riesgo y se quemaba. Eso quizás no era una buena manera de ver las cosas, pero así era.

Hoy el cuadro se ve muy diferente. El código penal federal incluye más de trescientas normas referidas al fraude y la mala representación. La mayoría van mucho más allá de lo que solían cubrir nuestras leyes. Con tantas leyes penales, deberíamos haber logrado un alto nivel de honestidad corporativa a esta altura. Los hechos recientes sugieren otra cosa. Quizás eso se deba a que hemos convertido lo que solían ser cuestiones morales en tecnicismos legales. En el mundo de hoy los ejecutivos son más proclives a preguntar qué pueden hacer sin sufrir castigo legal antes que preocuparse de lo que es justo y honesto. El resultado es que los que hacen el mal en corporaciones escapan al castigo porque encuentran maneras creativas de burlar la ley. Los ejecutivos honestos, en vez de concentrarse en hacer su trabajo de modo honorable, terminan jugando los mismos juegos legales que los ejecutivos deshonestos. Esa es la consecuencia natural de depender demasiado del derecho penal y demasiado poco de la regulación civil y, especialmente, de las normas morales.

Otro problema relacionado con este es que los casos penales de cuello blanco que llegan a juicio casi siempre se concentran en la conducta que se ubica en la frontera entre lo legal e ilegal. Los acusados, por lo general, se declaran culpables antes del juicio cuando han violado claramente la ley, y los fiscales, por lo general, no acusan a aquellos a los que no podrán lograr que se les imponga una condena. Al haber más leyes penales por violaciones técnicas, más juicios penales por crímenes de cuello blanco se centrarán en tecnicismos. El resultado puede ser la trivialización del crimen corporativo socavando el respeto por el derecho en general. La palabra malo pierde fuerza. Expandir las leyes de fraude penal puede caer bien políticamente, pero no es una solución. Quizás terminemos con castigos más duros, pero no lograremos una conducta más principista.

LA ÉTICA Y LAS CUESTIONES DE FONDO

Si hablar de principios comienza a sonar como un sermoneo, dejemos una cosa en claro: sermonear no es el objetivo de este capítulo. La ética no es solo una cuestión de moral. También tiene impacto directo en las ganancias y las pérdidas. ¿Puede alguien imaginar mayores desastres financieros que lo que sucedió a Enron o WorldCom? No solo los culpables perdieron cientos de millones de dólares, también los inversores y los empleados.

Si considera que los problemas éticos se dan en otra parte, no en su compañía, puede que tenga razón. Pero también puede estar equivocado. Un estudio reciente concluyó que el 43 por ciento de quienes fueron encuestados creen que sus supervisores no dan buen ejemplo de integridad. El mismo porcentaje se sintió presionado para comprometer la ética de su organización en el trabajo. En otras palabras, cuatro de cada cinco personas encuestadas creían que sus compañías podían quedar envueltas en un escándalo. Podrían no llegar a la primera plana, pero la tragedia sería igualmente real.

Practicar la buena ética empresaria genera dividendos que van más allá de evitar el desastre legal. Los empleados que perciben que sus compañías tienen conciencia alcanzan mayor satisfacción con su empleo y se sienten más valorados como trabajadores. Los estudios han demostrado que los esfuerzos por imponer buena ética empresaria son bienvenidos por la fuerza laboral. La mejor manera que tienen los ejecutivos de transmitir esa ética es dar el buen ejemplo.

Así funciona en el mundo real. En 1991 un escándalo por subastas arregladas llevó a Salomon Brothers, una firma de activos financieros líder, al borde de la quiebra. Warren Buffett, el inversor multimillonario fue contratado como CEO interino. Como una de sus primeras acciones, Buffett escribió una carta a los ejecutivos en toda la compañía. La carta incluía el teléfono de su casa y alentaba a llamar a cualquier que viera algo no ético. Hubo llamadas. Antes de que pasara mucho tiempo, se creó un plan colectivo para rehabilitar la reputación de Salomon Brothers.

¿CUÁL ES SU POSTURA?

Al acercarnos al final de este capítulo, piense un poco en su propia conducta. Congratúlese por las cosas que ya está haciendo bien y renueve su compromiso de seguir haciéndolas. Al mismo tiempo, tome nota de las cosas en las que necesita trabajar… las áreas donde tiene las mayores oportunidades de lograr mejoras en materia ética. Una vez identificadas, empiece a arreglarlas, y haga seguimiento de sus avances. Una buena manera de empezar es establecer una sección de "Qué para cuándo" en su planificador u organizador personal o en un pequeño cuaderno. Registre cada compromiso que asume: lo que dijo que haría y para cuándo dijo que lo haría. Controle la lista diariamente como recordatorio.

Otro pensamiento. A menos que involucre información estratégica y confidencial de la compañía, haga su trabajo de modo que nada quede oculto a los que lo rodean. Si se siente cómodo "haciendo públicas" sus acciones y decisiones, es probable que esté operando de modo ético. Esto también creará un ejemplo para sus colegas. El secreto es contagioso, pero también lo es la transparencia.

Cuando determine cómo abordará tareas o las decisiones que tomará, pregúntese: "¿Cómo puedo hacer esto de un modo que esté en concordancia o sea compatible con la misión de la organización, sus valores y sus principios empresarios?". Haga que eso sea una parte habitual de su vocabulario para la planificación de acciones.

Finalmente, esté alerta a cuatro piedras con las que comúnmente se tropieza el principismo apasionado:

- *Primero, la avaricia, el impulso por adquirir poder, prestigio o beneficios materiales solo para usted.*
- *Segundo la velocidad, el impulso de tomar atajos en respuesta al ritmo de los negocios contemporáneos.*
- *Tercero, la pereza, tomar el camino que requiere menor esfuerzo y de menor resistencia.*
- *Cuarto y lo más peligroso, la vaguedad, actuar o reaccionar sin pensar.*

Estos son los factores primarios que llevan a la conducta no ética. Son todas tentaciones que deben ser reconocidas y superadas.

Finalmente, cuando se trata de ética empresaria, ¿qué actividades, funciones, decisiones y conductas son realmente importantes? La respuesta es que todas son importantes. ¿Cuándo está bien no ser ético? La respuesta es nunca. ¿A qué elementos de su trabajo no se aplican la justicia, la honestidad, el respeto y "hacer lo correcto"? No hay tales elementos.

¿Podrá estar a la altura de ese estándar? Se requiere tener verdadera clase. Exige un sentido de principismo apasionado. Pero si puede hacerlo, se hará inolvidable para todos los que encuentre en su camino, que es exactamente de lo que trata este libro.

CAPÍTULO SIETE
Clase y confianza

En el capítulo seis analizamos la conducta ética y vimos que la gente que se siente menos que maravillosa es mucho más proclive a cometer actos menos que maravillosos. Lo que es más, son decididamente proclives a sentirse menos que maravillosos si tienen que rendir cuentas por lo que han hecho.

Ahora vamos a mirar más de cerca la autoestima y veremos que la misma puede existir, en realidad, en distintas variedades. Sorprendentemente, no todas son positivas. Lo más importante es que vamos a analizar la confianza como la expresión clave de la autoestima en el mundo cotidiano, especialmente en situaciones laborales.

¿Por qué es tan importante la confianza? Bueno, cuando uno no tiene confianza en sí mismo, otra gente tiende a acordar con usted. Cosa bastante razonable, calculan que usted sabe más acerca de sí mismo que ellos, por lo que si usted tiene una visión negativa de sí mismo, ellos probablemente también la tengan. Pero, por el mismo motivo, cuando proyecta un aire de confianza y aplomo, se sentirán bien respecto de usted. Y siempre recuerde que los demás quieren sentirse bien respecto de usted. Quieren relacionarse con usted como profesional y quizás también como amigo. ¡Su tarea es hacer que eso sea lo más fácil posible!

Vamos a analizar la confianza desde tres perspectivas diferentes. Primero, vamos a identificar algunos de los factores que llevan a la falta de confianza en sí mismo. Veremos cómo estos factores pueden actuar como influencias negativas, por fuera completamente de su conciencia, a veces incluso por muchos años. Entonces introduciremos algunas herramientas mentales y emocionales poderosas para contrarrestar y reemplazar la negatividad. Finalmente ofreceremos algunas técnicas interpersonales que puede usar cuando necesite sentirse seguro y confiado. En síntesis, aquí en el capítulo 7 iremos de los principios a las cuestiones prácticas. Será una persona con clase cuando tenga ambas cosas a su disposición.

LA VERDAD SOBRE
LA CONFIANZA EN UNO MISMO

Aclaremos desde el comienzo un malentendido básico respecto de la confianza. Es algo que hace que la gente interprete equivocadamente las acciones de otros y también que actúe de modo inapropiado. Para clarificar este malentendido, tenemos que distinguir entre dos términos claves.

El primer término es la palabra confianza misma, el tema de este capítulo. Desarrollaremos una definición de confianza al avanzar.

El segundo término clave es la autopromoción, que una y otra vez se confunde con la verdadera confianza en el mundo actual. Entender la diferencia entre confianza y autopromoción es un gran salto hacia convertirse en una persona realmente inolvidable. Por lo que, por favor, preste mucha atención a lo siguiente:

Sean y Michael trabajaban juntos como operadores con bonos para un banco de inversión importante. A veces había mucha presión. Aunque habían trabajado lado a lado varios años, Sean y Michael nunca habían hablado realmente, hasta que un día se supo que ambos pensaban correr en una maratón que se iba a realizar pocos meses más tarde. Ninguno de los dos había corrido en una maratón antes, por lo que quizás podían entrenarse juntos. Sin embargo, Sean no creía que necesitara entrenarse para la maratón, mientras que Michael sabía que lo necesitaba. Planearon correr juntos cuando se realizara la maratón. Cuando llegó el día de la maratón, tal como habían decidido, se reunieron en la multitud de corredores pocos minutos antes del comienzo.

Michael confesó sentirse nervioso. Sabía que se había entrenado duro, pero ahora la idea de correr veintiséis millas parecía bastante extravagante. Le dijo a Sean que su meta era hacer su mayor esfuerzo y terminar la carrera. Si no lo lograba esta vez, siempre tendría otra oportunidad. Nadie podía predecir lo que sucedería. Como le dijo a Sean: "Supongo que lo sabré pronto". Sean tenía una actitud muy distinta respecto de la carrera. Solo se permitía tener pensamientos totalmente positivos. No solo se veía cruzando la línea de llegada delante de miles de otros corredores, estaba convencido que terminaría primero. La idea de Sean era que uno puede hacer lo que cree que puede hacer. Muchos grandes atletas habían demostrado que eso era cierto. Cuando la carrera comenzó, tanto Sean como Michael decidieron ir muy lento al principio. Pero luego de unas cuantas millas Sean confesó que se sentía aburrido. Se sentía un poco tonto trotando junto a abuelas y gente con sobrepeso que no tenía posibilidades de llegar al final.

Sean pidió disculpas a Michael y se lanzó a correr mucho más rápido.

Tal como Michael preveía, correr una maratón resultó realmente duro. Luego de quince millas algunos de sus peores temores comenzaron a hacerse realidad. ¿Qué había estado pensando? Debió haberse entrenado mucho más duro. Al poco tiempo Michael apenas si corría, trotaba y por unos minutos incluso caminó. Pero terminó la maratón.

Michael no estaba sorprendido de no haber visto a Sean en el curso de la carrera. Calculó que Sean había llegado a la meta mucho antes. Pero lo que había sucedido era algo muy distinto. Sean se había retirado antes de acercarse a la meta. Sucedieron una cantidad de cosas infortunadas. Primero se quedó sin aire por correr demasiado rápido. Entonces, cuando se vio obligado a ir más despacio se vio superado por las mismas abuelas que le resultaban tan molestas antes. Incluso fue superado por gente que iba casi caminando. Esto fue un golpe duro para el ego de Sean, algo que no había anticipado.

Sean no tiene planes de correr en otra maratón. Michael espera lograr mejor desempeño la próxima vez.

En estos dos corredores la diferencia entre la autopromoción y la confianza está clara. La confianza no significa certeza de que va a tener éxito. Significa certeza de que hará su mayor esfuerzo. La confianza es también su capacidad para reconocer sus limitaciones sin que le preocupen. Por el otro lado, la autopromoción es una inflación no realista de quién es usted y lo que puede hacer. La gente que se autopromociona ignora la posibilidad de cualquier cosa que no sea el éxito. Cuando se producen reveses, esta gente se ve sorprendida y tiene dificultades para recuperarse.

LA AUTOESTIMA Y EL EMPRESARIO

Hay algo inherentemente heroico en hacer negocios por uno mismo. Es lo romántico de correr riesgos y la negativa a renunciar a sus sueños a cambio de confianza. Además el espíritu empresario tiene algunas retribuciones menos filosóficas. Siendo su propio jefe, por ejemplo, puede fijar su propio horario. Puede tomarse un día libre o unas vacaciones cuando quiera. Y las ganancias que obtenga el negocio le pertenecen solo a usted.

Eso es lo positivo. Lo no tan positivo es la inmensa cantidad de trabajo que se requiere para lograr el éxito. Las investigaciones muestran que la mayoría de los empresarios trabajan mucho más que cuarenta horas semanales. Y así como recibe el crédito (y las ganancias) por todo lo que sale bien, también recibe la culpa (y las pérdidas) por lo que sale mal. Por lo que ser empresario decididamente no es para débiles de espíritu. La gran mayoría de los empresarios fracasa antes de alcanzar el éxito. Habrá muchos intentos fallidos antes de llegar a la meta.

Entre otras cosas, la clase es tener energía de reserva. Es la capacidad de seguir intentando cuando intentó y fracasó. También es el poder de ver cuando ha llegado el momento de abandonar e intentar otra cosa. Ambas cualidades son escasas, pero la segunda puede ser incluso más inusual que la primera.

No todos tienen condiciones para jugar en la NBA. Mucha gente canta en la ducha o incluso en videos auto-producidos en YouTube, pero son pocos los que cantarán en la Metropolitan Opera. Pensando en esto se encontrará en un área oscura en la que la realidad interior y exterior se chocan. Sí, hay que tener coraje para seguir tirando al aro en el patio de atrás con la esperanza de jugar basquetbol profesional. Pero también se requiere coraje para cambiar un sueño impráctico por uno más realizable. "Retroceder en otra dirección" no es lo mismo que rendirse. Lo más importante es que *clase* significa aprender de los propios errores. Puede o no significar abandonar cierto emprendimiento, pero significa nunca darse por vencido de uno mismo.

SIN CULPA

No se puede alcanzar un objetivo que nunca se imaginó. Pero repitamos: también debe aceptar que no se puede alcanzar *cada uno de los sueños.* Sin embargo, cuando se compromete seriamente a algo, especialmente consigo mismo, muchos objetivos valiosos son alcanzables, no importa lo que digan las evidencias del momento.

Puede no darse de inmediato. Probablemente no será así. Cometerá errores en sus negocios, en sus relaciones y en todas las demás áreas de su vida. Sufrirá reveses. Algunos serán por su responsabilidad. En otras oportunidades puede ser una falla de otros. Pero la culpa y ponerse en víctima son dos conceptos a evitar, principalmente porque se desperdicia tanto tiempo y energía. El punto de vista óptimo es este: "Tendré que cometer cien errores para llegar a donde quiero, empecemos a cometer esos errores. Cometámoslos lo más rápido posible y aceptemos lo que son: pasos esenciales en el camino al éxito".

La confianza en uno mismo es saber que tendrá éxito. Si no sucede hoy, será mañana. Si no se da con este proyecto, se dará con el siguiente. La confianza en uno mismo es saber que puede adquirir las capacidades y conocimientos que aún no posee. Es saber que es capaz de trabajar duro y con suficiente tenacidad como para llegar a la meta, por lejos que esté. Es saber que, por más que aprecie a quienes lo alientan en la vida, seguiría adelante aunque nadie creyera en usted. Y a veces nadie creerá en usted. Es entonces cuando la confianza en sí mismo se convierte en verdadera clase.

EL PENSAMIENTO REALMENTE POSITIVO

Al continuar nuestro análisis de la confianza en sí mismo, recuerde que una persona segura es muy distinta de una persona que hace autopromoción. No confunda "el poder del pensamiento positivo" con el error de no pensar. Respecto de esto, es paradójico que la gente demasiado segura y la gente con baja confianza en sí misma comparte el mismo patrón de pensamiento. Ambas tienen total certeza sobre sí mismas, pero en sentidos opuestos. Alguna gente está segura de que puede hacer cualquier cosa, otros están seguros de que no pueden hacer nada. La verdadera confianza no tiene que ver con conocer el futuro. No es una mentalidad rígida que rechaza toda posibilidad salvo el éxito completo o el fracaso total. La gente realmente segura está abierta a las posibilidades inesperadas que se darán sin duda.

La gente con baja confianza en sí misma puede sentirse mal por buenas noticias. Cuando algo indica que puede no ser tan inadecuada como creía, eso puede desestabilizar seriamente su imagen interior. Groucho Marx dijo: "No quisiera pertenecer a ningún club que me acepte a mí como miembro". Esa es una expresión perfecta de la visión de autosabotaje a la que alguna gente se aferra. Esto puede convertirse en una visión tan interiorizada del mundo que ya no es siquiera una opción consciente. Puede convertirse en un reflejo, algo que se da automáticamente.

A veces puede ser más fácil asimilar el rechazo y la crítica que la retroalimentación positiva. Cuando tiene éxito en algo, uno lo considera buena suerte, casualidad o incluso un error de algún tipo. Si le resulta difícil aceptar halagos merecidos o una valoración honesta, es probable que se sienta cómodo así pero tiene que cambiar.

Con respecto a aceptar halagos y alabanzas, recuerde esta frase del escritor británico Samuel Johnson: "Lo que se da graciosamente debe recibirse graciosamente". Sentirse seguro de que hizo algo bien no significa que es unególatra. Por el contrario, la capacidad de aceptar crédito donde corresponde es un elemento básico de la auténtica clase.

REFORZAR LA CONFIANZA

Hemos visto que una persona demasiado segura y una persona con baja confianza en sí misma tienen similitudes sorprendentes. Ambas tienen sistemas de creencias inconscientes que tienen que ser cuestionados y reevaluados. Ahora veamos algunas herramientas físicas y mentales que puede usar para reforzar su confianza cuando lo necesite.

Por ejemplo, supongamos que necesita comenzar a leer un libro sobre una nueva hoja de cálculo informática que desconoce por completo. Esto parece una tarea totalmente extraña e intimidante. Por lo que, antes de comenzar, haga esto. Recuerde cuándo hizo algo nuevo por primera vez. Preferentemente debe ser algo que se veía al menos igual de intimidante que aquello a lo que se enfrenta ahora.

¿Qué tal la primera vez que anduvo en bicicleta? Toda la idea parecía contradecir las leyes de gravedad. ¿Cómo iba a poder equilibrarse en esas dos ruedas delgadas? Quizás se cayó unas cuantas veces, pero una vez que aprendió a hacerlo, andar en bicicleta pasó a ser perfectamente natural. Parecía suceder solo, sin que usted pensara en ello. Manejar un auto es otro buen ejemplo. Se trata, en realidad, de un conjunto asombrosamente complejo de conductas. Involucra verdadero peligro y se puede tardar en desarrollar la habilidad para manejar seguro. Además de usar sus manos y pies, tiene que mirar el espejo retrovisor cada pocos segundos. Tiene que saber quién tiene atrás y adelante, y también tiene que ser consciente de que hay puntos que no puede ver, que pueden ser especialmente peligrosos. Pero la mayoría de la gente aprende a hacer esto. Si maneja un auto hoy, es probable que no esté enloquecido de miedo ni totalmente inconsciente de los riesgos. Manejar es algo que aprendió a hacer, tanto las acciones físicas como los requisitos mentales. Pero, en algún momento, manejar debió parecerle inmensamente intimidante, tal como lo parece el libro sobre software ahora.

Ciertas situaciones pueden provocar ansiedad y tensión. Esto es perfectamente normal. Tiene que ver con lo que está haciendo no con lo que usted es al nivel más profundo de su ser. Piense en todo lo que ha logrado a lo largo de los años. Está aprendiendo ahora tal como lo hizo antes. Usted aprendió a hacer esas cosas y aprenderá a hacer esto. Puede estar completamente seguro de ello.

Otra buena manera de manejar situaciones intimidantes es atacar solo una parte y lograr el éxito. En vez de tratar de resolver toda la cuestión inmediatamente, haga un precalentamiento haciendo algo menos intimidante que le permitirá lograr el éxito. Puede ser una tarea que ha estado postergando, como hacer una llamada o tomar una decisión y actuar. Dar pequeños pasos, ponerse en marcha y lograr algunos éxitos le permitirá entrar en un estado de "flujo" en el que se olvida de todo lo demás. Luego se siente más competente, más capaz y decididamente más seguro.

Una vez más recuerde la clave sobre la confianza. No es cuestión de no tener dudas sobre sí mismo. No se trata de estar totalmente libre de dudas. Ese tipo de actitud es característica del pensamiento grandioso en un extremo del espectro y la baja autoestima en el otro. La gente en ambos extremos está convencida de que es totalmente grandiosa o completamente incompetente. Si usted acepta esa idea de todo o nada, recuerde que puede estar equivocado.

PENSAMIENTO MÁGICO:
"ME HICE UN ENCANTAMIENTO"

Pensar de un modo nuevo acerca de sí mismo es una herramienta poderosa para generar confianza en sí mismo. La misma herramienta puede aplicarse a su pensamiento sobre otras personas. Cuando mire a su alrededor, puede ver solo gente súper segura, totalmente libre de temor. Pero puede estar seguro de que esa gente ha tenido muchos momentos de incertidumbre. Simplemente no lo ve en este momento. Por lo mismo, no suponga que todos los demás pueden ver sus propias tensiones y ansiedades. Es lo que los psicólogos llaman pensamiento mágico.

El pensamiento mágico no tiene nada que ver con la realidad y es una barrera importante para llegar a ser la persona inolvidable que quiere ser. Por lo que no se permita hacer afirmaciones mágicas sobre sí mismo o los demás. Si siente que eso empieza a pasar, dígase con calma y suavemente: "Un momento, eso no es verdad". Si puede encontrar alguna evidencia que demuestra que la afirmación mágica es falsa, entonces mejor. Al principio puede requerir cierto esfuerzo, pero el efecto sobre su nivel de confianza será inmenso.

La confianza no tiene que ver solo con pensar cosas buenas de usted mismo. También tiene que ver con no pensar cosas malas. Deje de pensar: "¿Por qué sucedió eso?" o "¿Por qué me siento así?" y empiece a pensar: "¿Cómo quiero sentirme?" o "¿Cuándo me siento seguro?" o "¿Qué puedo hacer para sentir más confianza en esta situación?".

Sea persistente y no espere todo de una vez. Fortalecer su confianza es un proceso y si parece un proceso largo desde donde está ahora, eso solo demuestra lo importante que es ponerse en marcha. En un momento veremos algunos pasos prácticos que puede dar de inmediato.

CINCO CAPACIDADES SOCIALES PRÁCTICAS

¿Por qué es que alguna gente causa una impresión tan positiva en el trabajo o en situaciones sociales? ¿Qué conductas realmente graban a la gente en su memoria, al punto de que son inolvidables, mientras que a otra gente quieren olvidarla lo antes posible? ¿Cuáles son las conductas que definen a alguien como una persona con confianza y clase? Las respuestas están en unas pocas capacidades sociales claves.

Estas se cuentan entre las capacidades más importantes que puede tener una persona. Los seres humanos son animales sociales y la falta de capacidades sociales puede llevar a una vida solitaria. El dominio de capacidades sociales puede ser de gran ayuda en todas las áreas de su vida y carrera. Mientras que estas capacidades son innatas para algunas personas, también pueden ser aprendidas, como está por descubrir.

La primera capacidad no es realmente algo que uno hace, sino como se siente. Es la capacidad de relajarse en un ambiente de negocios o social. La tensión y la ansiedad son contagiosas. Cuando parece intranquilo, esa sensación se transmite a los demás en torno de usted. Si parece seguro y compuesto, es probable que encuentre el mismo estado en todos los demás.

Al desarrollar la capacidad de relajarse, el primer paso es identificar exactamente qué es lo que lo pone ansioso. Esto varía según la persona, pero entre la gente que realmente tiene un problema con situaciones interpersonales, una ansiedad se destaca por sobre todas las demás. Es la ansiedad respecto de la ansiedad. Es nerviosismo por sentirse nervioso. Es el temor a que descubran que es una persona ansiosa, lo que intensifica las conductas que trata de ocultar.

Si esta ansiedad que se autoconfirma es un problema para usted, aquí va una sugerencia: la honestidad es la mejor política. Sin exagerar sus sentimientos, mencione que a veces se siente un poco incómodo cuando conoce gente nueva o habla en público. Piense en cómo hará esto de antemano. Inyectar un poco de humor es siempre buena idea. El punto principal es hablar del asunto sin rodeos y así quitarle importancia. Esté tranquilo que nadie lo va a usar en su contra. De hecho, admitir estos sentimientos muy humanos es una gran manera de conseguir que la gente se ponga de su parte.

Tenga presente también que ciertas acciones actúan como detonadores de ansiedad, aunque usted crea que lo calman. Trate de no hacer nada demasiado rápido, sea caminar, hablar, comer o incluso sentarse en una silla. Los movimientos rápidos, a los tirones, despiertan un síndrome primitivo de luchar o huir que es lo último que quiere. Así que tómese su tiempo. En su mente dígase que debe relajarse. Se sorprenderá de cómo aumenta su sensación de confianza y el efecto positivo que tiene sobre los que lo rodean.

Por lo que la capacidad de relajarse es la primera capacidad social de una persona segura, y la segunda capacidad está estrechamente relacionada con esto. Es la capacidad de escuchar. La gente que se siente incómoda a menudo tiene el hábito de hablar demasiado, demasiado rápido, o demasiado fuerte. Es un intento mal orientado de controlar la situación, porque temen lo que podría suceder si no lo hacen. Lo triste es que resulta muy frustrante estar con una persona cuando no puede decir una palabra.

La conversación es realmente como el tráfico automotriz. A veces tiene luz verde, a veces roja. La cooperación da la posibilidad de llegar a donde se va a un ritmo equilibrado. Por supuesto que mucha gente querría hablar todo el tiempo, así como hay gente que ignora las señales de detenerse y los límites de velocidad. Pero ese impulso puede privarlo de su licencia de conducir, así como puede privarlo de tener con quien hablar.

Mientras lee, recurra a la tercera capacidad de la interacción segura. Esta es la empatía y el interés genuino por la experiencia de otra persona y es algo tan escaso como un billete de tres dólares. Entrenarse para percibir realmente lo que alguien trata de comunicar probablemente sea la manera más rápida de hacerse realmente inolvidable, quizás porque es algo tan raro.

Hablamos de empatía en nuestro análisis de escuchar. La empatía es un sentimiento. El entendimiento, nuestra cuarta capacidad social, es la expresión exterior de ese sentimiento. Cuando siente empatía, es más probable que logre un entendimiento. El entendimiento es una comprensión común o conexión que se da en una interacción social. Dice básicamente: "Soy como usted, nos entendemos". El entendimiento se da de modo inconsciente y, cuando sucede, el lenguaje, los patrones de habla, el movimiento y la postura del cuerpo y otros aspectos de la comunicación pueden sincronizarse a niveles increíblemente finos.

El entendimiento es inconsciente pero puede ser alentado por esfuerzos conscientes. Un modo de hacerlo es reflejando o equiparando la conducta verbal de la otra persona. No es algo complicado, solo utilizar las mismas formas del lenguaje y el habla, incluyendo el ritmo, el volumen, el tono y las palabras. A veces cuando dos personas se sienten bien juntas, esto se da solo. El entendimiento se ha dado espontáneamente. En otros casos la técnica del espejo es una buena manera de crear entendimiento donde de otro modo no existiría.

Una subcategoría importante para crear el entendimiento es el contacto visual apropiado. Esto no significa que tiene que mirar a la gente fijamente, de hecho mirar fijamente a alguien por un tiempo prolongado puede parecer que comunica ira. Pero mantener la mirada en la otra persona mientras habla o escucha es una manera de mostrar respeto básico.

Si no mantiene contacto visual, por la mente de la gente pueden pasar varias ideas y ninguna de ellas positiva. Pueden pensar que los ignora o que trata de alejarse. Si tienen preocupaciones por su propia confianza, esto con certeza las exacerbará de un modo doloroso. La gente así se culpará a sí misma por la falta de entendimiento. Pero si usted no mira a los ojos, es usted el que realmente debe asumir la responsabilidad.

Otra gente tendrá una interpretación distinta. En vez de culparse a sí misma, concluirá que usted es una persona dudosa y que no merece confianza. Aunque en algunos lugares se considera de mala educación mirar a la gente a los ojos, Estados Unidos no es uno de esos lugares. Así que actúe en concordancia y será considerado no astuto sino seguro y con clase.

AUTOCONCIENCIA Y AUTOESTIMA

La baja autoestima puede afectar sus relaciones, su empleo, su salud y todos los aspectos de su vida. Será imposible que la gente piense en usted de un modo positivo si usted no piensa bien de sí mismo.

La buena noticia es que siempre puede elevar su autoestima a un nivel saludable, aunque sea un adulto que ha mantenido una autoimagen negativa desde la niñez. Cambiar la manera que piensa —imaginándose a usted mismo y a su vida de otro modo— es esencial para fortalecer su autoestima. Los tres pasos que se marcan a continuación pueden ayudarlo en ese proceso:

Identifique condiciones o situaciones preocupantes. Piense en las condiciones o situaciones que le resultan preocupantes y que parecen debilitar su autoestima, tales como el temor a una presentación de negocios, enojarse frecuentemente o esperar siempre lo peor. Puede estar debatiéndose con cambios en las circunstancias de su vida —tales como la muerte de un ser querido, la pérdida de un empleo, o que los hijos se vayan de casa— o una relación con otra persona, como su cónyuge, un miembro de la familia o un colega.

Tome conciencia de creencias o pensamientos. Una vez que ha identificado condiciones o situaciones preocupantes, preste atención a sus pensamientos en relación a ello. Esto incluye lo que se dice a sí mismo y su interpretación de lo que significa esa situación. Sus pensamientos y creencias pueden ser positivas, negativas o neutrales. Pueden ser racionales —basados en la razón o en hechos— o irracionales, basadas en ideas falsas.

Identifique pensamientos negativos o equivocados. Advierta cuándo sus ideas se vuelven negativas. Sus creencias y pensamientos sobre una situación afectan su reacción frente a ella. Los pensamientos y creencias negativas sobre algo o alguien pueden generar lo siguiente:

- *Respuestas físicas, tales como tensión muscular, dolor de espalda, taquicardia, problemas estomacales, sudor o cambios en los patrones de sueño.*
- *Respuestas emocionales, incluyendo dificultades para concentrarse o sentirse deprimido, enojado, triste, nervioso, culpable o preocupado.*
- *Respuestas de conducta, lo que puede incluir comer cuando no tiene hambre, evitar tareas, trabajar más de lo acostumbrado, pasar más tiempo solo, obsesionarse con una situación o culpar a otros por sus problemas.*

LO QUE LA GENTE NECESITA Y LO QUE USTED PUEDE DAR

Dado que este capítulo es sobre la confianza en sí mismo y la autoestima, puede resultar sorprendente que hablemos de las necesidades y los sentimientos de otras personas, pero para una persona segura, esas necesidades son lo realmente importante.

La gente necesita recibir. La gente necesita encontrar significado a las cosas, un propósito y metas. Si usted es un jefe en un ambiente corporativo o es el dueño de una empresa, satisfacer esta necesidad es un elemento básico del liderazgo con confianza. No importa lo que le digan o lo que piensen, nadie trabaja solo por dinero, al menos no por mucho tiempo.

La gente también necesita estatus. Como persona segura y con clase, usted está en una posición única para transmitir sinceros sentimientos de reconocimiento e importancia. Esto puede asumir muchas formas. A veces significa alabar a alguien delante de un grupo. En otras oportunidades se trata de hablar con alguien a solas para agradecerle un trabajo bien hecho.

En resumen, la confianza no es algo que uno tiene realmente. Es algo que uno da y entonces se lo dan a usted. La confianza al igual que la clase es un poder que usted irradia y en su luz usted brilla tanto más.

CAPÍTULO OCHO
Empatía con (casi) todos

En el capítulo 5 analizamos la empatía como un componente de escuchar efectivamente. Si bien escuchar es, por cierto, una capacidad importante, el concepto de empatía es mucho más amplio.

Dicho simplemente, la empatía es la capacidad de sentir en uno mismo lo que siente otra persona. Si quiere que lo vean como una persona con clase, si quiere convertirse en una persona inolvidable, entonces no hay nada más importante que desarrollar su capacidad de empatía. En este capítulo veremos por qué eso es verdad y también analizaremos pasos prácticos que puede dar hacia convertirse en un ser humano más empático. Camino a ello también analizaremos lo que significa no tener empatía por los demás y por qué esto puede ser tan autodestructivo en todas las áreas de la vida.

"NO SOY PERFECTO (¡ASÍ LO ESPERO!)"

En la Segunda Guerra Mundial, Dwight Eisenhower era el comandante supremo de las fuerzas aliadas en Europa. En 1944, justo antes de la invasión a Normandía, se le transmitieron a Eisenhower una cantidad de nombres como posibles candidatos a promover a General. Uno de estos hombres pidió reunirse con Eisenhower para hablar en su propio favor.

Dijo algo así: "Señor, tengo todas las calificaciones para ser comandante. No tengo absolutamente ningún temor. Me he distinguido en combate por más de veinte años. Tengo energía inagotable. Casi no necesito dormir o comer. Sé manejar un tanque y pilotear un avión. Puedo trepar montañas, nadar en ríos y atravesar desiertos a pie. ¿Qué más quiere?".

Eisenhower lo escuchó atentamente y dijo: "Lo lamento, pero usted nunca podrá llegar a General. Sin duda suena como un soldado asombroso pero ese es el punto. La mayoría de nuestros soldados no son asombrosos y necesitamos generales que puedan entender y tener empatía con esos hombres. Tengo que negar la promoción".

Esta historia dice algo importante. Ser líder… tener clase… ser una persona inolvidable… eso requiere más que nuestros puntos fuertes. También significa relacionarnos con las debilidades o limitaciones de los demás. En un mundo ultra competitivo es fácil olvidarlo. Uno trabaja duro tratando de desarrollar sus propias capacidades, lo que es bueno. Pero al hacerlo puede perder de vista los desafíos que enfrenta la gente que lo rodea.

A veces esos desafíos son claros. Uno de los miembros de su equipo puede sufrir una enfermedad o una herida. Otro puede estar atravesando un divorcio doloroso. Tendrá que tener tacto al hablar de esas preocupaciones, pero al menos esas cuestiones están sobre la mesa. Aunque, por lo general, la cosa no es así. También tiene que reconocer y tener empatía con problemas que son mucho más sutiles. Por suerte, los problemas de la mayoría de las personas caen dentro de un número relativamente reducido de categorías. Los detalles pueden variar grandemente de una persona a otra, pero las emociones que viven se manifiestan en una cantidad de maneras diferentes. Aprendiendo a sentir empatía por estas dificultades podrá hacerse inolvidable para la gran mayoría de la gente.

Por lo que veamos algunos de estos problemas.

ANSIEDAD

El número uno y de lejos el problema más generalizado es lo que podemos llamar ansiedad. Es un término tan vago que se podría pensar que no tiene sentido, por lo que vamos a definirlo de un modo un poco más preciso. La ansiedad es la sensación de que todo está fuera de su control o incluso fuera de su comprensión. Es la sensación de no saber lo que va a suceder. No puede hacer un plan para enfrentar el problema porque no puede ver el problema claramente. La ansiedad es como el temor a la oscuridad. Uno no está preocupado realmente por la oscuridad misma. A uno le preocupa lo que puede ocultar la oscuridad y no saber lo que puede ser empeora la situación.

Considere este ejemplo.

Rachel es una nueva ayudante administrativa en su departamento. Laurie, una persona con más experiencia, está encargada de explicar a Rachel sus responsabilidades.

Laurie explica las ocho tareas que Rachel tiene que realizar cada mañana en una hora a partir de su llegada al trabajo. Laurie, que ha trabajado en la compañía varios años, conoce estas tareas como la palma de su mano. Las hace de modo automático, como cepillarse los dientes a la mañana o apagar la luz cuando se va dormir. Pero para Rachel todo esto es nuevo. Escucha atentamente a Laurie y trata de tomar nota, pero es casi como si oyera hablar en un idioma extraño. Todo lo que sabe a ciencia cierta es que no está absorbiendo lo que oye.

Lo que siente es ansiedad. Tiene una imagen de sí misma fracasando en todo, pero la imagen está borroneada porque ni siquiera está segura de lo que es ese "todo". Se siente abrumada en su primer día en la compañía, como un interruptor que trata de procesar demasiada electricidad.

Como jefe aquí tiene que mostrar empatía en dos sentidos distintos. Obviamente tiene que ponerse en el lugar de Rachel, pero primero tiene que sentir empatía por Laurie. Tiene que ver que quizás Laurie puede tender a esperar demasiado de Rachel. Sin saberlo, Laurie puede estar esperando que Rachel comprenda todo un lenguaje nuevo antes de aprender siquiera el alfabeto. También es posible que Laurie sienta que es una oportunidad para alardear. Al menos, por ahora, está en una posición de poder y Rachel depende totalmente de ella

Piense en esto un momento. Trate de ver la situación desde estos puntos de vista muy distintos, que es lo que significa la empatía. Una vez que haya hecho eso, pregúntese cómo haría para responder tanto a las necesidades de Rachel como a las de Laurie, así como a las de su compañía de conjunto.

Una solución posible podría ser algo así: en vez de decirle a Rachel de una vez todo lo que se supone que tiene que hacer, quizás las instrucciones puedan extenderse a lo largo de varios días. Rachel podría aprender dos tareas el lunes, otras dos el martes. Para el fin de su primera semana, habrá aprendido todas sus tareas de la mañana, y aún quedará un día. Este plan también podría contener cualquier tendencia de Laurie a ir demasiado rápido. Al mostrar empatía por ambas partes, puede crear una solución que satisfaga los intereses de todos.

OPTIMISMO

Si la ansiedad es la vaga sensación de que sucederá algo malo, nos referiremos a la inversa de la ansiedad como *optimismo*. Este es, por supuesto, un sentimiento extremadamente positivo. Así como la ansiedad es algo que se quiere disminuir, el optimismo es algo que se quiere alentar.

Rick era un entrenador de fútbol americano en la escuela secundaria que en su carrera universitaria había sido un destacado mariscal de campo. Cuando el equipo de secundaria de Rick practicaba defensas contra jugadas de pase, Rick siempre ocupaba el puesto de mariscal de campo para el equipo contrario. Un día un ex compañero de universidad de Rick vino a ver la práctica y vio que muchos de los pases de Rick eran interceptados por los jugadores de la escuela. Más tarde le hizo bromas a Rick acerca del deterioro de su capacidad de lanzador. "Supongo que nos estamos volviendo viejos —le dijo su ex compañero de equipo— pero es bueno que ahora estés entrenando en vez de jugar". Rick se rio. "Yo lanzo tan bien como siempre —dijo— pero quiero hacer las cosas más fáciles para estos chicos. Quiero que piensen que pueden interceptar todas las pelotas. Hasta un mariscal de campo de secundaria puede lanzar mejor que lo que lo hice hoy, pero en la práctica los quiero hacer sentir agrandados, no aplastados. Ahora creen que han estado interceptando pases de una ex estrella universitaria. Se sienten de dos metros, que es como quiero que se sientan. Les estoy dando una imagen de sí mismos que querrán mantener.

La ansiedad y el optimismo son dos lados de la misma moneda. La solución empática a ambas cosas está en hacer las cosas más fáciles, no más difíciles. La manera de comer toda una torta de chocolate es por porciones y eso vale, le guste o no el chocolate. Como persona con clase, téngalo en mente cuando quiera ayudar a gente a maximizar su potencial.

TEMOR

Esta es una variación de la ansiedad que es a la vez más fácil y más difícil de manejar. Es más fácil que la ansiedad porque el escenario es más obvio. La gente ansiosa no sabe exactamente qué le preocupa. La gente temerosa lo sabe demasiado bien. La dificultad con el temor es que quizás no pueda sentir empatía.

Hay un viejo chiste acerca de un hombre que chasqueaba los dedos continuamente. Una vez su amigo le preguntó por qué hacía eso. "Bueno —dijo el hombre con tono de temor en su voz— lo hago para mantener alejados los elefantes". Su amigo lo miró incrédulo: "Pero no hay elefantes en mil kilómetros a la redonda". "Sí —dijo el nombre chasqueando nerviosamente los dedos nuevamente— funciona muy bien, ¿no es cierto?".

Un hombre que teme a los elefantes parece tonto, excepto para otro hombre que teme a los elefantes. Para sentir empatía por el temor de alguien, no trate de temer la misma cosa. Eso casi nunca funciona porque el temor es una cosa muy personal. En cambio, piense en algo que usted teme o más bien piense en algo que le provocó temor en el pasado. Quizás le temía a tirarse a una piscina. Quizás se trataba de subir a un avión. Quizás se despertó una noche en la oscuridad y vio un monstruo al otro lado del cuarto, que, en realidad, era su saco en el respaldo de una silla. Este es un punto clave sobre el temor. Casi siempre tiene relación con un momento. Los temores que parecen convincentes en ciertos momentos de nuestras vidas se ven mucho menos amenazantes más tarde. De hecho, se ven bastante cómicos. Pero, en el momento, generan miedo genuino.

Use este ejercicio consigo mismo primero. Luego puede usarlo para ayudar a otros con sus temores. De nuevo, no trate de convencer a la gente que no tiene razón en temer. Eso no funciona. En vez de convencerlos con palabras de que no teman lo que los asusta ahora, pregúnteles lo que les daba miedo antes. Muéstreles cómo los temores pierden poder cuando tenemos más información y una visión más amplia. Luego pídales que se proyecten al futuro y prométales que algún día lo que los asusta ahora parecerá tan inofensivo como sus temores en el pasado. Esta es una manera empática de ayudar a la gente con sus temores. Pruébelo y verá cuánto mejor funciona esto que dar sermones o ignorar a la gente.

IRA

De todos los sentimientos negativos que la gente puede experimentar, la *ira* es probablemente la más común en el mundo moderno. Vivimos en medio de una epidemia de ira. La gente puede verse tan plácida como ganado pastando, pero está llena de ira a nuestro alrededor. Lo ponen en espera en una llamada telefónica, está esperando en la fila de la caja, está atrapado en el tráfico yendo detrás de un tipo que va a treinta y cinco kilómetros por hora, en todos los casos, el resultado es la ira. Y esas son solo las situaciones menores. Estoy seguro de que puede pensar en muchas otras en las que realmente estalla.

Veamos la ira con empatía. Los estudios sobre la ira muestran que ciertas situaciones realmente enojan a la gente. Una de las más potentes es sentirse acusado injustamente. Usted trabaja más duro que nadie en un proyecto y fracasa. ¿Si le echan la culpa, cómo se siente? Hay muchos otros ejemplos de acusaciones injustas. ¿Puede pensar en alguno ahora? Si puede, es posible que sienta ira de solo recordarlo. Eso es bueno. Eso es la empatía en acción.

Tal como sucede con el temor, es importante tener empatía con la ira porque hay tanta diferencia entre verlo desde adentro o desde afuera. Desde adentro, la ira es como el fuego. Puede comenzar como la diminuta llama de un fósforo, pero con esa llama diminuta se puede incendiar toda una casa. Una vez más, piense acerca de cómo se siente cuando está realmente enojado. Si usted es como mucha gente, sacrificará todo por ese sentimiento que se impone. Lanzará los platos caros contra la pared. Pateará el perro. Cerrará la puerta de un golpe y, si se da en el dedo, eso le provocará aún más ira.

Como jefe con clase, a menudo, lo reclamarán para que responda a gente enojada. Recuerde la metáfora de la llama del fósforo que mencioné hace un instante. No se deje incendiar. No permita que la otra persona lo queme. Es importante sentir empatía, pero la empatía no es lo mismo que la participación directa.

Negarse a ingresar en el mundo de la gente enojada probablemente sea lo mejor que puede hacer para ayudarlos. No es fácil para una persona seguir enojada por mucho tiempo en presencia de alguien que se niega a participar. Es mucho más fácil seguir con el enojo estando solo. Es por eso que la gente enojada tiende a irse dando portazos si no pueden hacer que usted se sume a su enojo. Trate de evitar que eso suceda si puede. Entonces diga suavemente las siguientes dos frases: "Entiendo que está molesto. Hablaremos cuando se sienta mejor".

No diga nada más. Si la persona enojada trata de forzarlo a hablar, repita esas dos frases. Sin tomarnos el tiempo para explicar por qué, estas son las palabras óptimas para usar cuando enfrentamos ira. No juzgan y dejan abierta la posibilidad de extender el diálogo, pero solo cuando desaparezca la ira. Una vez más, no importa lo que haga, no se rebaje al nivel de ira que ve. Porque usted tiene demasiada clase para eso.

DEPRESIÓN: "¿DE QUÉ SIRVE?"

Hasta ahora hemos analizado cuatro temas como oportunidades para mostrar empatía: ansiedad, optimismo, temor e ira. Sorprendentemente las dos que tienen la mayor afinidad son la ira y el optimismo. La ira, en realidad, es una emoción esperanzada. Se basa en la creencia de que puede influir si se enoja lo suficiente. La gente rara vez se enoja con avalanchas o terremotos. ¿Qué sentido tiene? Pero quizás, si se enoja lo suficiente con su jefe o su cónyuge, podrá alterar su conducta. O al menos llamará su atención. Es imposible llamar la atención de un huracán, por lo que la gente no pierde el tiempo intentándolo. La ira puede parecer irracional, pero, por lo general, detrás de ella, hay optimismo o esperanza.

La sensación de depresión está en directo contraste con esto. La gente deprimida ha perdido la esperanza. Su visión básica del mundo puede resumirse en tres palabras: "¿De qué sirve?". A menudo se confunde la depresión con infelicidad, pero eso, en realidad, es un malentendido. Es posible estar infeliz sin estar deprimido. La depresión está mucho más cerca de una sensación física, tal como la fatiga, que la ira o la ansiedad. De modo similar, lo opuesto de la depresión no es la felicidad o la alegría, es la vitalidad, la voluntad de levantarse y hacer algo. La gente realmente deprimida no puede convencerse de levantarse de la cama por la mañana. De nuevo: "¿De qué sirve?".

La empatía con la depresión no es realmente cuestión de adoptar un cierto punto de vista. Es ponerse en un estado físico en vez de un estado emocional. Es drenarse de energía. Es dejarse estar.

Teniendo esto en mente, ¿cuál cree que es el curso más efectivo con gente que sufre depresión? No se trata de hablarles. No dirán nada o solo hablarán de lo deprimidos que están y lo inútil que es todo. No, la depresión es, en realidad, una experiencia física, por lo que el antídoto es la acción física. Trate de hacer que la gente vuelva a moverse, y cuanto más movimiento mejor. Por supuesto que se resistirán, porque en el fondo saben que lo que sugiere va a funcionar. Para la gente deprimida, la depresión es el terreno en el que se siente cómoda y es renuente a abandonarlo. Pero tendrá que dejarlo si la pone en movimiento.

A menos que esté enfermo, es imposible sentirse deprimido cuando se desliza por un tobogán con agua. Es imposible estar deprimido bailando la polca. No trate de hablarle a la gente para que esté menos deprimida y comience a bailar. Haga que baile y estará menos deprimida. Hágala bailar y será inolvidable.

La última y la más difícil oportunidad para la empatía es con gente que niega la realidad. Para comprender esto, recurramos a una máxima que ha sido invocada en muchos libros de desarrollo personal, pero de todos modos es valiosa. "Si sigue haciendo lo que viene haciendo, seguirá recibiendo lo que viene recibiendo".

La razón por la que esta máxima es valiosa no es porque sea cierta. Es porque suena cierta, pero no lo es. Hace cien millones de años, por ejemplo, los dinosaurios siguieron haciendo lo que venían haciendo pero no recibieron lo que venían recibiendo. Lo que consiguieron fue extinguirse. Eso es lo que sucede cuando cambian las condiciones pero uno no lo hace. No es fácil sentir empatía por una persona que niega la realidad porque se niega a ver que las condiciones han cambiado.

Casi todas las organizaciones tienen gente de este tipo. A menudo han estado con la compañía mucho tiempo. A veces tienen su propio mini reino que, por algún motivo, a menudo está en el departamento contable. Desde su ubicación, sigue siendo la década de 1990 o 1980 o incluso 1975. Tal como sucede con una persona deprimida, puede ser difícil convencerlos de que no es así. Una vez más, lo que se necesita es acción física. Hay que darle a esta gente una nueva tarea. Hay que darles algo muy por fuera de su pequeño dominio bien defendido, para que no puedan negar que las cosas han cambiado.

Y sea consciente de esto: puede no funcionar. Puede encontrarse con gente que dirá que no lo hará. Lo que quieren decir es que no pueden hacerlo y quizás tengan razón. No pueden hacerlo tanto como esos dinosaurios no pudieron adaptarse a un clima que, de pronto, era diferente. Por lo que quizás tenga que despedirse de gente que niega la realidad tan profundamente. Eligen irse antes que cambiar.

Hay una diferencia entre sentir empatía por la gente y estar de acuerdo con ella. Como persona con clase, debe tener la capacidad de ver la realidad de los sentimientos de la otra persona. No debe haber un juicio atado a esa realidad. Pero no hace falta decir que sí tiene que tener un juicio sobre el contenido de esos sentimientos. Si, por ejemplo la gente tiene prejuicios sexistas o raciales, no se trata solo de que "tienen derecho a su opinión". Pero el primer paso es ver cuál es esa opinión y conocer su punto de visita, aunque ese punto de vista la resulte muy desagradable.

La empatía es una herramienta de relaciones humanas importante, y es decididamente parte del repertorio de una persona inolvidable. Pero usted también tiene derecho a esperar cierta cantidad de empatía. Más allá de cierto punto, no se le requiere tolerar gente intolerante. Si hiciera eso, estaría ejerciendo una forma de negación. Su meta no es ser un santo. Su meta es ser una persona con clase inolvidable.

CAPÍTULO NUEVE
Crear seguridad en su equipo

Antes vimos que la seguridad es un cimiento clave de la clase. Vimos maneras en las que se puede evaluar y crear una sensación de seguridad y autoestima en su carrera y su vida personal. Pero cuando se trata de hacerse inolvidable, desarrollar cualidades en usted mismo es solo el comienzo. Una persona con clase genuina también sabe cómo inspirar a los demás para que se superen. Eso es lo que significa crear un equipo en el sentido más amplio y mejor del término.

La definición exacta de lo que es crear un equipo es un problema filosófico complejo. Al nivel cotidiano, sin embargo, es mucho más simple. Cualquiera puede ser un constructor y líder de equipos efectivo. Esas son buenas noticias, porque es su tarea lograr que la gente a su alrededor logre su pleno potencial. Tienen que encontrar el equilibrio adecuado entre los aspectos sociales, morales y de trabajo de la creación del equipo, y usted puede ayudarlos a lograr ese equilibrio.

El primer paso —y sin duda el más importante— es dar un buen ejemplo. Los líderes efectivos "hacen lo que dicen", y esto naturalmente invita a los demás a hacer lo mismo. Entonces, cuando los líderes con clase ven cambios positivos en su equipo, nunca dejan de premiar o alabar a todos los que hacen las cosas bien. Por el otro lado, en términos de crítica constructiva, los constructores de equipo inolvidables son los primeros en reconocer si se equivocan. Ya hemos analizado el concepto de que los errores son experiencias de aprendizaje que promueven el avance. Cuando se actúa en concordancia con ese principio, la gente se siente cómoda pidiendo su ayuda y consejo en situaciones difíciles.

LO QUE SE NECESITA

Las capacidades interpersonales son los elementos más importantes en la construcción de equipos, en parte porque tanta gente tiene dificultades para tratar con quienes los rodean. Dwight Eisenhower tenía razón al decir que la construcción de equipos es lograr que otros hagan lo que uno quiere porque ellos creen que es lo que quieren. Con las mejores capacidades de relación la gente querrá hacer su mayor esfuerzo porque está haciendo algo por sí misma. Más allá del principio fundamental de dar el ejemplo, varias cualidades personales pueden ayudarlo a tener una influencia positiva en la vida de los demás.

La flexibilidad es decididamente uno de esos rasgos de personalidad. ¿Qué capacidad tiene para "dejarse llevar por la corriente"? ¿Qué capacidad tiene usted para cambiar sus planes cuando un problema no previsto requiere un cambio de dirección? Si necesita ayuda con esto, haga el esfuerzo de concentrarse en hacer planes para una cantidad de resultados posibles en algo que está intentando por primera vez.

Ser decidido también es importante para la construcción de equipos y la falta de ello puede ser lo que haga caer a muchos líderes y gerentes. No se construye un equipo si no se toman decisiones importantes. Desgraciadamente la mayoría de las decisiones importantes también son las decisiones difíciles. Nadie más quiere intentar tomarlas. Esté dispuesto a concretar la acción audaz en el sentido que considere mejor. Por supuesto que cuando haga esto no hay garantía de que todos concuerden en que tomó la decisión acertada. Pero manejar eso es parte de tener clase.

Otras cualidades de un constructor de equipos con clase son:

Puntualidad: Hágase la reputación de que siempre llega a horario y tendrá el respeto de otros profesionales organizados. Especialmente en las reuniones cuando otros llegan a horario, esperarán que usted también lo haga. No hay nada más frustrante para un equipo que tener que esperar constantemente por un participante tardío.

Consideración: Tómese siempre el tiempo para saludar a la gente con un saludo personal cálido. Tendrá tiempo de hacer esto adecuadamente si llega un poco temprano a las reuniones para poder saludar a los demás a medida que llegan.

Deferencia: En su hogar u oficina, usted es responsable por hacer sentir cómodos y productivos a todos. En el territorio de otra persona debe dar un paso atrás y permitir que ellos den el tono.

Aspecto: Sea que un ambiente específico requiera ropa formal de trabajo o informal debe tratar de acomodarse. Si se espera vestimenta profesional, debe usarla; si llega del sitio de una obra, tómese unos momentos para sacudirse el polvo y estar presentable.

Atención: Debe escuchar al menos el doble de lo que habla. Haga tres preguntas en una conversación antes de ofrecer información sobre sí mismo.

Etiqueta: Al comienzo de una reunión o encuentro social asegúrese de que todos hayan sido presentados adecuadamente. Al final, no se vaya corriendo como si no pudiera esperar a escaparse lo más rápido posible, ¡aunque de verdad quiera hacerlo!

CAPACITACIÓN EFECTIVA

Como constructor de equipos, su compromiso con la tarea debe expresarse no solo en cómo conduce cada día, sino también en libros de capacitación formales que dan a los miembros del equipo la confianza en sí mismos y las capacidades que necesitan para convertirse ellos mismos en líderes inolvidables.

Cuanto más alto esté en la jerarquía corporativa, tanto más debe involucrarse en producir libros de capacitación. Si usted es el CEO de su compañía, por ejemplo, su presencia garantizará que la capacitación será tomada con seriedad por la gente que quiere ascender en la compañía.

Al comenzar a producir libros de capacitación y para la formación de equipos, es importante concentrarse en los valores tanto como en las técnicas. Por ejemplo, el primer valor que necesita identificar podría ser "¿Qué es lo que define la capacidad de crear equipos?".

Asegúrese de que su libro de capacitación esté alineado con la declaración de misión y la estrategia empresaria de su compañía. Asegúrese de desarrollar un plan que sea más que un escenario docente-estudiante. La capacitación de este tipo no debe darse solo una vez al año en un encuentro de fin de semana organizado por la compañía. Debe ser parte de la vida corporativa cotidiana. Los miembros del equipo deben tener asignadas tareas de desarrollo, educación externa y, en los niveles jerárquicos debería también haber reuniones con contrapartes internacionales y evaluaciones completas de capacidades. Esto hace mejor tanto a su libro como a su gerencia.

INTEGRAR NUEVOS MIEMBROS AL EQUIPO

Los miembros del equipo son la columna vertebral de cualquier empresa exitosa. Si bien los líderes designados pueden ser los que tomen las grandes decisiones, los miembros del equipo son los que realizan el trabajo requerido. Sin buenos empleados una compañía no puede funcionar de forma adecuada. Desgraciadamente muchos empleados olvidan el duro trabajo que hicieron una vez que pasan a cargos corporativos o gerenciales. Es por eso que la capacitación y el desarrollo de empleados son esenciales para una compañía exitosa. Cuando los empleados se vuelven más exitosos, la compañía se vuelve más exitosa.

En muchas compañías de primera línea, se requiere que los recién contratados participen de un seminario de capacitación apenas ingresan. A menudo se necesita transmitir mucha información lo antes posible. El seminario es la oportunidad de aprender los detalles de lo que hace funcionar una compañía. Los recién contratados también se informan de lo que puede esperarse de ellos más allá de la descripción formal de su tarea.

Esta orientación es beneficiosa, pero debe ser solo parte de una experiencia de formación continua. Desgraciadamente muchas compañías simplemente se detienen al comienzo. Al crear y actualizar libros de capacitación y desarrollo, el constructor de equipos tienen que tener presentes dos cosas. El libro tiene que ser una prioridad única y, al mismo tiempo, tiene que convertirse en parte de la rutina cotidiana en el lugar de trabajo. Los libros de capacitación de empleados son importantes para lograr que estos se incorporen a la manera en que la compañía opera y lo que son las expectativas de la empresa, así como para que los empleados más antiguos se mantengan actualizados con la cadena de conocimientos y comunicación. Los libros efectivos mejoran la comunicación y el entendimiento entre los individuos y departamentos. Sin embargo, si los constructores de equipos no entienden la importancia de los libros de capacitación tanto para la compañía como sus empleados, el libro no logrará gran cosa. Según el tamaño de la compañía, puede ser beneficioso tener coordinadores de capacitación de empleados. Sus responsabilidades incluirían el armado de los cronogramas y la planificación de cada evento de capacitación, de modo que cada empleado obtenga el mayor beneficio de ellos.

Los empleados que entienden su tarea y lo que se espera de ellos tienen muchas más probabilidades de disfrutar del mismo y ser más productivos. Con un libro de capacitación de empleados establecido las compañías pueden esperar ver incrementos en sus cifras de ventas así como de la productividad general.

LA CONSTRUCCIÓN DE EQUIPOS Y EL MANEJO DEL TIEMPO

La gente tiende a tener un enfoque contradictorio del manejo del tiempo. Sabe que es importante —que puede ser la diferencia entre un jefe intermedio y un ejecutivo de máximo nivel— y sin embargo desperdicia el tiempo todos los días. Como constructor de equipo puede ayudar a su equipo a aprovechar al máximo cada minuto implementando los siguientes principios y técnicas de manejo del tiempo:

Una hora de planificación puede ahorrar diez horas de hacer. No se embarque en grandes proyectos sin establecer metas, cómo las alcanzará y, la parte más importante, establecer plazos para lograrlo. Esto le ahorrará mucho tiempo dedicado a tomar decisiones en el momento, lo que hará que el proyecto tarde mucho más.

Mejore su velocidad de lectura. La velocidad promedio de lectura es doscientas palabras por minuto. La mayoría de la gente tiene que leer al menos dos horas por día en el trabajo. Un curso de lectura veloz puede aumentar al doble su velocidad. Eso le da una hora más para hacer cosas más productivas.

Dedique una hora diaria a superarse personalmente. Si dedica una hora completa al día capacitándose en algo que quiere mejorar, suma siete horas a la semana (casi todo un día de trabajo), y 365 horas al año (y más de dos semanas sin dormir). Puede volverse competente e incluso dominar la capacidad que desea.

Practique paciencia. Es natural querer que el cambio positivo se dé del modo más rápido y fácil que sea posible. Pero el cambio a menudo lleva más tiempo de lo que espera. Primero tiene que lograrse el cambio, luego debe integrarse y luego debe transformarse en la base para el siguiente paso en su desarrollo.

Sea atrevido. Vea el cambio como un desafío y una transformación. Arrójese de cabeza a la planificación y la preparación. Explore nuevos horizontes para su carrera que puedan aparecer. Vea esto como una aventura, no una obligación.

Practique el descontento constructivo. En vez de aferrarse al *statu quo*, pregúntese: "¿Cómo podría cambiar para mejor? ¿Cómo puedo lograr que cambiarme ayude a mi equipo a superarse también?".

Pruebe algo nuevo cada día. Cuando la gente se expande más allá del terreno en el que se siente cómoda, tiende a tratar de crear una nueva área equivalente lo más rápido posible. Póngase el desafío de probar al menos una manera nueva de hacer las cosas cada día.

Pida opiniones. Pida ideas y sugerencias y retroalimentación respecto de si se está adaptando al cambio adecuadamente. Los períodos de cambio son momentos para construir puentes, no levantar muros. Son momentos para estar abierto a las opiniones, no a la defensiva. Modelando esto en sí mismo, puede comenzar a orientar a su equipo en el mismo sentido.

Use una lista de cosas por hacer, que se convertirá en una lista de "cosas hechas". Tal lista es una herramienta extremadamente importante, por lo que la analizaremos con cierto detalle. Parece tan simple que casi es risible, pero poca gente tiene siquiera el nivel básico de organización que aporta una lista de cosas por hacer. La mayoría de las personas trabaja en más de una cosa a la vez o (lo que es mucho peor) no trabaja en nada. Hágase responsable de una cosa: cumplir con la lista.

Una de las reglas más inteligentes de la conducta en el lugar de trabajo dice: "El trabajo se expande hasta llenar el tiempo disponible". Si tiene dos semanas para completar un proyecto, lo completará en dos semanas, pero el mismo proyecto podría llevar un mes si le dieran ese plazo. Si solo pone una cosa en su lista de cosas por hacer, lo más probable es que la extienda hasta cubrir todo el día. Si agrega otra cosa en la lista al comienzo del día probablemente logrará hacer ambas. Si tiene seis o siete cosas en la lista, aún puede lograr hacerlas todas en un día. Eso es un inmenso avance respecto de la única cosa que iba a hacer antes.

Recuerde que el manejo del tiempo no tiene que ver solo con hacer cosas más rápido, sino también con hacer las cosas indicadas la primera vez. Por lo que organice su lista de acuerdo a lo siguiente:

- Registre todas las actividades. Escriba todos sus múltiples requerimientos, prioridades que compiten entre sí, tareas, y actividades del día o la semana. Esto le permitirá visualizar lo que tiene que hacer.
- Determine los objetivos primarios. Haga una lista de objetivos primarios del día o la semana.
- Evalúe lo importante vs. lo urgente. Decida cuáles de estas actividades son las más importantes versus las más urgentes. Considere cómo se afectan entre sí ciertos ítems y las consecuencias de no lograr ciertos ítems.
- Jerarquice. Use un sistema de jerarquización para comenzar a planificar. Por ejemplo:
  A) Tareas que tienen alta prioridad y deben completarse inmediatamente.
  B) Tareas que son moderadamente importantes pero pueden realizarse después de las tareas A.
  C) Tareas de baja importancia y que pueden encararse en el tiempo que quede libre.
- Cree un cronograma. Indique plazos para cada tarea y estime el tiempo necesario para completar la tarea. Tenga en mente las tareas que puedan estar vinculadas entre sí para incrementar la productividad.
- Revise las metas y ajuste. Revise sus metas y los beneficios de hacer las cosas a tiempo y haga los

ajustes necesarios. Elimine los ítems que siguen en el fondo de su lista y que, siendo realista, sabe que no se harán.

RESPONSABILIDAD COMPARTIDA

Así como una lista de cosas por hacer es una herramienta esencial para la productividad individual, los equipos dentro de una organización o compañía también pueden tener metas colectivas y plazos compartidos para lograrlas. Como constructor de equipo, su tarea es identificar las metas, clarificarlas y ayudar a los miembros del equipo a hacer lo mismo. Estos son algunos consejos:

Priorice objetivos. El primer paso es organizar e intercambiar ideas para generar una lista de todo lo que espera lograr. Esto puede hacerse grupalmente con su equipo y la gente que le da los proyectos. Luego de generar esta lista, divida las ideas en categorías: urgente, importante e innecesario. Ahora puede desarrollar una lista numerada de metas específicas de todo lo que hay que hacer.

Establezca un cronograma de producción con metas intermedias. Ahora que tiene una lista de lo que debe hacerse, haga un cronograma de modo de poder poner fecha a todas las ideas. Las metas urgentes tienen que concretarse pronto, por lo que establecer plazos para estas tareas es importante. Además, al fijar pasos intermedios para alcanzar sus metas mayores, puede asegurarse avances sostenidos o determinar cómo habría que alterar la producción para cumplir con los plazos. Estas metas intermedias también le permiten evaluar el desempeño de su equipo y determinar qué tácticas son efectivas para alcanzar sus metas.

Comunique el sistema de metas y los objetivos a su equipo. Asegúrese de que cada miembro de su equipo entiende la importancia de las metas y los plazos para lograrlas. Obtenga las opiniones de los miembros de su equipo respecto de cómo alcanzar estas metas de la mejor manera. Finalmente, asigne a los miembros de su equipo para trabajar en aspectos específicos de las metas generales, haciéndolos saber de qué es responsable cada uno personalmente.

Premie el éxito. Fijar metas es una de las partes más fáciles de su trabajo como constructor del equipo. Ahora debe mantenerse a usted mismo y a su equipo motivado para lograrlas pese a los constantes cambios en el lugar de trabajo. Uno de los motivadores más poderosos es dar un premio cada vez que se cumple una meta. No tiene que ser algo de valor tangible. El reconocimiento más efectivo es a menudo un simple memo de felicitación. Simplemente asegúrese de que cada miembro del equipo sepa que valora su esfuerzo y su tiempo.

ESCRIBIR UN PLAN
DE DESARROLLO PROFESIONAL

Un documento algo formal que contenga los planes, esperanzas y sueños de los miembros del equipo puede ser extremadamente útil. Este Plan de Desarrollo Profesional es una
herramienta excelente para tener a los miembros del equipo
concentrados en sus metas.

El primer paso es la autoevaluación. Esto debe centrarse no en las metas o los plazos, sino más bien en los puntos
fuertes de cada persona. ¡Los miembros del equipo deben
pensar en lo que son buenos! Es más fácil hacer cosas que a
uno le gustan que tratar de rendir en actividades que no le
interesan y en las que no es bueno. No se espera de nadie
que sea bueno en todo, por lo que reconocer puntos débiles
es válido. Pero el interés principal debe estar en los puntos
fuertes y las capacidades.

Aliente a los miembros de su equipo a pensar en algo
que les gustaría aprender, una nueva capacidad o incluso todo
un trabajo nuevo. Deben investigar lo que tendrían que hacer para aprender esto. El desarrollo profesional efectivo solo
puede concretarse con la educación continua. Los miembros
del equipo debieran hojear revistas dedicadas al sector, la descripción de trabajos y guías para carreras profesionales. Si un
individuo está tratando de avanzar en la escalera corporativa,
debe saber lo que otra gente ha hecho para avanzar.

El siguiente paso involucra escribir planes y metas. Los
miembros del equipo debieran crear una lista de metas que
quisieran alcanzar en el año por delante, los siguientes cinco años y hasta el fin de sus carreras. Esta lista y el Plan de

Desarrollo Profesional de conjunto deben guardarse en lugar seguro donde sean de fácil acceso y se los pueda revisar regularmente.

Una vez completada la lista de metas de largo plazo, deben abordarse los objetivos más inmediatos. Son las cosas que pueden lograrse en menos de un año. Los miembros del equipo deben asegurarse que al menos uno de estos objetivos los ayude a alcanzar una o más de las metas de su lista de largo plazo. El Plan de Desarrollo Personal debe ser reevaluado y posiblemente revisado regularmente.

MANEJAR EL CONFLICTO

Una de las calidades más importantes de una persona inolvidable es la capacidad de resolver conflictos. En el lugar de trabajo esta capacidad no solo es importante sino absolutamente esencial. Si bien la resolución de conflictos puede parecer una perspectiva desagradable, puede ser uno de los aspectos más beneficiosos de la construcción de equipos.

Cuando tiene que tratar con una persona o personas como mediador o supervisor, es útil tener presentes las siguientes orientaciones:

Cree entendimiento. Empiece por tranquilizar al miembro del equipo. Trate de reducir su ansiedad. Una manera de hacer esto es comenzar con una apreciación honesta basada en evidencias.

Refiérase a la circunstancia. Trate de centrarse en la situación y no en las personalidades. Usted debe informar al miembro del equipo de lo que ya sabe del problema y darle a él o ella la oportunidad de explicar lo que sucedió. Reduciendo la actitud defensiva y no sacando conclusiones apresuradas, saldrán a luz las distintas perspectivas, y puede encontrarse y resolverse la causa de fondo del problema.

Tranquilice a la o él miembro del equipo y restaure el desempeño. La gente que tiene problemas necesita que se la tranquilice en el sentido de que esto por sí mismo no significa que están haciendo algo mal. Se debe reafirmar a las y los miembros del equipo en cuanto a su valor e importancia y también respecto de su apoyo y aliento.

Cuando sea necesario saque a la o él miembro del equipo de su rol. A veces encontrará que una o un miembro del equipo no encaja bien, sea en una tarea o en la organización de conjunto. Cuando esto sucede, tendrá que evaluar los puntos fuertes, los intereses y las metas de la persona. El siguiente paso puede ser un cambio en las tareas y responsabilidades asignadas a la persona. En otro caso puede ser lo mejor para todos que la persona se separe de la organización.

Aspirar a ser un ser humano inolvidable es más que un proceso interno. Significa interactuar y relacionarse con otra gente en todas las áreas de su vida. Significa tratar de lograr que surja lo mejor de los demás así como uno lo intenta con uno mismo. Para la gente realmente con clase, el éxito de los demás es igual en importancia a su propio éxito. El objetivo de este capítulo ha sido explicar esta cuestión y aportar herramientas para ponerlo en acción. ¡El resto depende de usted!

CAPÍTULO DIEZ
Manejo del estrés

La clase es una palabra que puede aplicarse a muchas circunstancias y situaciones diferentes. A veces el significado es específico, mientras que en otras oportunidades es más vago o metafórico. Por ejemplo, en las carreras de caballo, a menudo se refiere simplemente al precio de los caballos en la carrera, o el premio monetario que recibirá el ganador. Pero también puede significar la voluntad misteriosa e intangible de ganar que permite al campeón enfrentar todos los desafíos que se presenten. Cuanto más difíciles los desafíos a superar, tanto más apuntan a un ganador con clase. Parte de hacerse inolvidable es la capacidad de ver los obstáculos como oportunidades. No son solo molestias. Son la oportunidad de demostrar su metal.

EL DESAFÍO MÁS DIFÍCIL

Si bien las crisis agudas pueden ser difíciles de manejar, esas situaciones, por definición, están limitadas en términos de tiempo y lugar. Pero el estrés puede prolongarse mucho tiempo, incluso indefinidamente. El estrés es peligroso en parte porque la gente puede acostumbrarse. Usted probablemente esté familiarizado con la historia acerca de la rana hervida en agua cuya temperatura fue subiendo de modo gradual y casi imperceptible. Es una buena historia, pero en la vida real las ranas saltan del agua. Los humanos, en cambio, se dejan sobrecalentar hasta niveles destructivos que surgen de un estrés de larga data en sus vidas laborales.

Para una persona con clase, manejar el estrés requiere fortaleza pero también un juicio maduro. Tiene que apoyarse en sus recursos interiores y también debe ser consciente cuando llegó el momento de desconectarse de una situación del modo más apropiado.

La mayoría de la gente no sabe cómo hacerlo, pese a la clara presencia de estrés en las vidas de millones de personas. En 1992 un informe de las Naciones Unidas declaró que el estrés es la "epidemia del siglo XX". Cuatro años más tarde un estudio de la Organización Mundial de la Salud (OMS) usó términos similares para referirse al estrés como una "epidemia mundial". En los años desde entonces la vida, por cierto, no se ha vuelto menos estresante.

La sobrecarga de estrés en el lugar de trabajo resulta en el ausentismo de un millón de trabajadores por día en los Estados Unidos. El estrés resulta en errores y accidentes, baja de la productividad y agotamiento, baja moral y empleados perdidos, aumentos del alcoholismo y el uso de drogas, así como violencia y malos tratos en el lugar de trabajo.

De acuerdo a estudios de investigación e información citada por el escritor Ravi Tangri en el libro *Stress-Costs, Stress-Cures (Costos del estrés, curas del estrés)*, el estrés es responsable por los siguientes problemas relacionados con el trabajo:

- *19 por ciento de ausentismo*
- *40 por ciento de recambio de personal*
- *30 por ciento de discapacidades de corto y largo plazo*
- *10 por ciento de gastos farmacéuticos*
- *60 por ciento del total de accidentes laborales*
- *Costos totales de juicios de empleados debidos al estrés*

Se ha estimado que el 80 por ciento de los gastos en salud están relacionados con el estrés. Lo que es más, al aumentar los costos de los medicamentos y los tratamientos, el monto en dinero de gastos relacionados con estrés aumenta sistemáticamente. Teniendo esto en mente, debe ser obvio que cualquiera que quiera obtener lo más posible de la vida debe responder a y minimizar las causas del estrés.

Por suerte, las principales causas del estrés —al menos en el lugar de trabajo— están bien documentadas:

Exceso de trabajo. Obviamente, demasiado trabajo causa estrés. Pero los empleados también se ven afectados cuando no están claras sus tareas o cuando hay mala supervisión. Un líder y constructor de equipos inolvidable tiene que controlar de cerca la mecánica y los procedimientos en el ambiente laboral, así como el volumen de trabajo mismo.

Interrupciones azarosas. Las llamadas telefónicas, las visitas inesperadas y los pedidos no previstos de jefes contribuyen al incremento del estrés. Asegúrese de que esté totalmente claro lo que espera de los miembros del equipo. Entonces deles un ambiente estable dentro del cual cumplir con esas expectativas.

Incertidumbre. En tiempos de caída económica, la posibilidad de despidos o licencias u otras formas de reducción del trabajo son fuentes importantes de estrés. Debe mantener a su equipo informado acerca de situaciones que pueden afectar sus trabajos y darles garantías si puede hacerlo seriamente.

Retroalimentación inadecuada. Los miembros del equipo tienen que saber si están respondiendo a las expectativas. Se necesita retroalimentación personalizada coherente, escrita y verbal, del líder del equipo.

Falta de reconocimiento. No mostrar aprecio genera estrés. Hay muchas maneras de demostrar aprecio, pero la manera más efectiva es simplemente un reconocimiento sincero del aporte positivo de un miembro del equipo. ¡Y debe ser por escrito!

Falta de control. El estrés es mayor cuando los miembros del equipo sienten que tuvieron mínima intervención en cuestiones que los afectan.

Estas categorías que producen estrés merecen su atención. No permita que persistan, sea su rol el de un líder de equipo y jefe o el de un empleado y miembro de un equipo.

SEÑALES Y SÍNTOMAS DE ESTRÉS…
Y SU ALIVIO

Al nivel físico, el estrés puede medirse por las hormonas que producen las glándulas suprarrenales. Pero en la vida diaria usted tendrá que estar atento a otras señales de estrés, en usted y en quienes lo rodean:

- *Problemas para dormir*
- *Pérdida de apetito*
- *Dificultades para concentrarse*
- *Errores no característicos*
- *Estallidos de ira*
- *Conducta antisocial*
- *Estallidos emocionales*
- *Abuso de alcohol o drogas*

Hay muchas herramientas y técnicas para el alivio del estrés. Una de las más simples y poderosas se conoce por la sigla HALT en inglés. Esto ofrece un medio claro y efectivo para reconocer el estrés e intervenir proactivamente.

HALT es la sigla en inglés de Hungry, Angry, Lonely, Tired, que en español significa: Hambriento, Enfadado, Solo, Cansado. Cada una de estas condiciones físicas o emocionales puede provocar estrés significativo. Igual de importante es el hecho de que cada una de ellas puede "ir acumulándose" por fuera de nuestra percepción consciente.

El hambre en este contexto significa más que la simple falta de alimento. La palabra también puede referir a necesidades emocionales: hambre de seguridad, de confort, de comprensión o de compañía. Son todas versiones del hambre a las que tiene que responder en su vida si quiere ser una persona inolvidable. También son necesidades que usted puede ayudar a cubrir en las vidas de otras personas.

El estrés causado por el enfado es un sentimiento un poco más complejo y para mucha gente la solución es más difícil. En sí mismo no tiene nada de malo sentir enfado y por cierto que algunas cosas en el mundo justifican esa sensación. Pero es poca la gente que sabe cómo expresar el enfado de modo constructivo.

El primer paso para cambiar esto es reconocer la causa subyacente de su enfado. Detrás de la emoción tal como la experimentamos, el enfado siempre proviene de algún tipo de indefensión o frustración percibida. Más específicamente, es la frustración de que el mundo o alguien dentro del mismo no está cumpliendo con los objetivos que hemos establecido. Es como si dijéramos: "¿Por qué no abres los ojos y ves las cosas como yo?". Pero el mundo no funciona de modo que las cosas se vean "como yo". Una persona inolvidable comprende esto y se adapta a esa realidad. Al darse esa adaptación, el enfado y la frustración pueden ser reemplazados por la acción y logros tangibles.

Solo refiere al autoaislamiento. Tal como sucede con el hambre, la solución depende del contacto con otras personas. Pero la soledad subraya la dificultad para establecer ese contacto, la renuencia a recurrir a la gente.

La última letra de la sigla HALT representa "Tired", "cansado". Especialmente los hombres y mujeres de grandes logros pueden tender a ignorar la fatiga. Aquí por suerte la solución es más bien obvia: ¡hacer la siesta o dormir! Pero si tiene dificultad para dormir, la causa puede ser uno de los otros elementos de la sigla HALT. Así que piense cuidadosamente en estas cuestiones y luego actúe.

MÁS TÉCNICAS DE REDUCCIÓN DE LA TENSIÓN

Las herramientas y técnicas que siguen no cambiarán las condiciones subyacentes que dan origen al estrés. Pero lo ayudarán a evitar la depresión que el estrés puede provocar. Cuando está deprimido no puede actuar, por lo que estas herramientas lo ayudarán a mantenerse en un nivel en el que la acción positiva es posible. Como siempre puede usar estas ideas en su propia vida y también puede compartirlas con otros.

Humor. La risa cambia literalmente la bioquímica del cerebro. También cambia nuestra percepción del mundo que nos rodea. Si quiere cambiar sus percepciones, piense en algo gracioso. ¡Y si ese algo particular no es gracioso, encuentre otra cosa!

Ejercicio. Al contrario de lo que podría creer, lo opuesto de la depresión no es la felicidad. Es la vitalidad. El estrés, como precursor de la depresión, puede quitarle energía. ¡No se rinda a esa influencia negativa! Cuando se siente estresado puede requerir toda su voluntad levantarse del sofá, pero si logra ponerse en movimiento, los beneficios son poderosos e inmediatos. Tal como sucede con la risa, el ejercicio tiene efectos bioquímicos que usted puede experimentar como cambio emocional.

Beba suficiente agua. La deshidratación es la causa no reconocida de muchos problemas físicos y emocionales, desde enfermedades del riñón hasta la demencia. Simplemente el cuerpo humano depende del agua para funcionar adecuadamente. Si agota su provisión interior de agua, sentirá estrés y no funcionará a alto nivel física o mentalmente.

Duerma bien de noche (o haga una siesta ahora mismo). Dormir bien de noche es vital para tener una mente y un cuerpo saludable y tomar una siesta durante el día también puede ser beneficioso. El sueño recarga y energiza, relaja y ayuda a limpiar del cerebro presiones y sensaciones desagradables.

Un último punto para pensar. Si hoy se siente realmente estresado, probablemente no sea la primera vez. ¿Pero puede recordar por qué se sentía estresado hace dos años? ¿Y qué hay de hace un año o incluso el mes pasado? Si usted es como la mayoría de la gente, no tiene la menor idea de qué lo molestaba, salvo que en aquel momento parecía realmente importante.

¿Qué le dice eso?

CAPÍTULO ONCE
Paciencia con un propósito

En los últimos veinte años aproximadamente, se han publicado literalmente miles de libros sobre el éxito y el desarrollo personal. Casi todas las emociones y experiencias posibles han sido exploradas y analizadas. Pero una de las experiencias más comunes en el mundo moderno no ha recibido la atención que merece, especialmente considerando que no solo es común sino que es difícil.

Es la experiencia de esperar. No pasa un día y, por lo general, ni siquiera una hora, que no enfrentemos el desafío considerable de esperar por algo o alguien. Esperar un semáforo. Esperar en fila para pagar. Esperar para una entrevista laboral. Esperar en el consultorio del médico. La lista puede seguir indefinidamente y esas son las formas relativamente inofensivas de la espera. Estoy seguro de que puede pensar en otras instancias que son desafíos mucho mayores, incluso que asustan.

Sí, en nuestras vidas hay mucho tiempo de espera y hay muchas dificultades relacionadas con ello. El propósito de este capítulo es darle algunas herramientas para manejar la experiencia generalizada con buen humor, con clase y principalmente con paciencia. Porque la paciencia es absolutamente esencial para manejar la espera. A menudo puede actuar para acortar la espera, pero a veces no se puede hacer otra cosa que… esperar. Una situación como esa puede ser muy, pero muy difícil a menos que haya desarrollado su capacidad de ser paciente. Aunque haya desarrollado esa capacidad, también puede ser difícil estar con alguien que no tiene paciencia, se trate de un colega en el trabajo, un miembro de su familia o el tipo detrás de usted que no deja de tocar la bocina. Así que en los próximos minutos trabajaremos para desarrollar la paciencia en usted y también para promoverla en la gente que lo rodea.

Comencemos con una definición de paciencia, que refiere al tema de la espera que mencioné antes. La paciencia es la capacidad de esperar sin experimentar enfado, ansiedad o frustración.

La primera cosa a advertir acerca de la definición de la paciencia es que es totalmente interna. Es subjetiva más que objetiva. No se puede poner la paciencia en una escala y pesarla, no se la puede sumar como en una cuenta bancaria, no puede ponerla en su bolsillo y sacarla cuando la necesite. En muchos casos, no se puede decir si alguien es paciente o impaciente simplemente con verlo. Alguien sentado a su lado en una sala de espera puede estar hirviendo de impaciencia, pero todo lo que ve es un hombre hojeando una revista. Del mismo modo, cuando el hombre lo mira, puede ver en usted un individuo perfectamente plácido. ¡No se imagina lo furioso que lo pone que el dentista esté atrasado!

Dado que la paciencia es interna, quiero en primer lugar darle un procedimiento interno para desarrollarla. Quiero que capte un simple hecho: cuando su capacidad de controlar los eventos externos es limitada o inexistente, debe aprender a controlar sus respuestas internas. Debe aprender a controlar su enfado, su frustración y su ansiedad. Lo bueno es que esas respuestas están siempre bajo su control, no importa lo que suceda en el mundo físico.

He aquí una cita que ayudará a clarificar esto: "Nunca podríamos aprender a ser valientes y pacientes si solo hubiera felicidad en el mundo". Lo dijo Helen Keller, y ella no podía ver, no podía oír y no podía hablar como resultado de una enfermedad infantil. Obviamente en su vida no tuvo solo felicidad, pero eligió ver la ausencia de felicidad como un medio para desarrollar otras capacidades. Debido a que enfrentó la infelicidad, aprendió a ser valiente y paciente. No dice que la ausencia de felicidad fuera algo bueno, pero si dice que se puede sacar algo bueno de ello. Ese fue su proceso interno.

Como sabe si conoce la historia de Helen Keller, no llegó con facilidad a este estado de serenidad. De niña era como un animal salvaje, atacando todo a su alrededor furiosamente. Aprendió a ser paciente del modo más difícil, después de haber agotado las otras alternativas.

Teniendo eso en mente, volvamos al desarrollo de la paciencia como proceso interno, tomando control de sus respuestas subjetivas. Imagine que está haciendo la cola en el Starbucks local. Son las ocho cuarenta y cinco de la mañana y tiene que estar en el trabajo a las nueve, pero decididamente necesita su café. Y todo lo que quiere es un café. No quiere un café con leche, no quiere un Frappaccino, no quiere un te chino con un poco de crema. Solo quiere un café, pero lo quiere ahora.

Pero tiene mala suerte, porque después de esperar hasta que solo queda una persona en la fila delante de usted, esa persona no parece saber lo que quiere. ¿Será un cappuccino o un Frappuccino? ¿Con crema chantilly o no? ¿Descafeinado o común? Hay simplemente tantas opciones y esta mujer parece estar explorándolas todas en detalle. Todo lo que usted quiere es un café simple. Tiene ganas de gritar.

Bueno, imagine que grita. Eso puede o no ayudarlo a conseguir su café más rápido. Lo más probable es que no, pero eso no es lo que queremos ver aquí. Lo que hay que subrayar es la manera en que ha tomado la experiencia interna de la impaciencia y la espera y la ha convertido en una experiencia externa que involucra a todos a su alrededor.

A los fines de actuar con clase, eso es un error. ¿Por qué es un error? Porque en Starbucks no puede controlar las circunstancias externas. Solo puede influir en ellas en grado limitado. De modo que cuando externaliza lo que sucede en su cabeza, de ello no puede venir nada bueno. Hay una leyenda que dice que un rey de la antigua Persia una vez ordenó que azotaran a las olas en el océano porque no lo obedecían. Eso suena tonto, pero es esencialmente lo mismo que hacer una escena en Starbucks o golpear el volante cuando está atrapado en el tráfico.

Por fortuna, existe otra opción. Recuerde algunas de las cosas que hemos dicho hasta aquí. Recuerde nuestra definición de paciencia: la paciencia es la capacidad de esperar sin experimentar enfado, ansiedad o frustración. Recuerde lo que dijo Helen Keller: no podríamos aprender a ser valientes y pacientes si solo hubiera felicidad en el mundo. Ahora use esos dos principios para crear una especie de prueba para usted mismo. Desafíese a contener su enfado, ansiedad y frustración. Haga un esfuerzo consciente en ese sentido porque por cierto que no va suceder solo. Como dijo Helen Keller, use la experiencia nada feliz que está teniendo para aprender a tener paciencia. No la soporte pasivamente y no quede como un tonto externalizándola. En cambio conviértala en una oportunidad activa para crecer.

Thomas Edison debió haber sido una de las personas más pacientes que haya vivido. Es interesante que, al igual que Helen Keller, tenía una discapacidad física que era su sordera. Quizás esto le enseñó a aceptar lo que no podía cambiar. Pero desarrolló una capacidad casi sobrenatural de paciencia en su trabajo. Edison no usaba métodos científicos convencionales. Avanzaba por la simple prueba y error. Se dice que cuando estaba produciendo los filamentos para la primera lámpara incandescente probó con más de diecisiete mil materiales antes de encontrar uno que funcionó. ¿Cómo lo hizo? Edison usó un método similar al que acabamos de analizar. No absorbió pasivamente un fracaso tras otro, ni empezó a lanzar cosas contra la pared. En cambio convirtió la situación en un desafío o incluso un juego. Si trató de usar la peladura de una papa en su lámpara y se quemó inmediatamente, vio esto como un descubrimiento en sí mismo. No dijo: "Todavía no encuentro algo que funcione". Dijo: "Encontré una cosa más que no funciona". No se deprimió, no se peleó con su esposa, no pateó el perro. Continuó con la siguiente cosa.

Eso es tener clase y para la mayoría de la gente no es algo fácil. No es realmente natural. Suponga que quiere entrenar una rata de laboratorio para que oprima un botón con lo que consigue un bocado de alimento. Suponga que le da a la rata todo un año para consolidar esa conducta. Cada vez que oprime el botón, obtiene alimento, mes tras mes. Pasa miles de veces. Pero un día en vez de obtener alimento la rata recibe un choque eléctrico leve cuando oprime el botón. Luego de miles de experiencias positivas oprimiendo el botón, ¡cuántas veces cree que necesitará la rata antes de darse por vencida y estar dispuesta a morirse de inanición? La respuesta es solo tres veces. Cuatro como máximo. En ese punto comienza a correr en torno a la jaula como loca —el equivalente de ponerse a gritar en Starbucks— o simplemente se queda sentada pasivamente.

Hay una gran diferencia entre usted y una rata de laboratorio. Use las herramientas que hemos visto hasta aquí y puede convertir el dolor en paciencia, y la paciencia en cambio positivo. Diremos algo más sobre esto más adelante.

Hemos creado una definición de paciencia y hemos analizado algunas maneras de desarrollar la paciencia en situaciones que la requieren. Ahora veamos algunos otros elementos de la paciencia que pueden ayudar a clarificar exactamente lo que significa.

La paciencia es la capacidad de despegarse de la necesidad de gratificación inmediata. Un bebé quiere su biberón ahora o el bebé llora. La rata quiere su alimento en cuanto oprime el botón. El tipo en la fila del Starbucks quiere su mantecado de inmediato. Quizás todo eso sea perfectamente natural. Pero la persona con clase sabe que la vida es más complicada que hacer lo que resulta natural. Por lo que la persona con clase puede esperar cuando esperar es necesario.

La paciencia significa mostrar tolerancia, compasión y comprensión hacia la gente que es menos madura, menos fuerte y menos paciente que usted. Si visita la jaula de los monos en el zoo, un chimpancé puede hacerle morisquetas.

¿Se enoja con el chimpancé? ¿Está dispuesto a pelearse con ese mono? Espero que no. También espero que la próxima vez que alguien le toque la bocina en un semáforo rojo, no apele de inmediato a la conciencia simiesca. Cristo dijo: "Perdónalos, porque no saben lo que hacen" y lo estaban crucificando. A usted solo le están tocando la bocina.

Tener paciencia significa aceptar los obstáculos y reveses que son inevitables en todas las áreas de la vida. Usted aprendió a caminar aunque se debe haber caído muchas veces. Aprendió a hablar un idioma, pero la computadora más poderosa del mundo solo puede hacer esto a un nivel primitivo. Apele a su capacidad innata de paciencia la próxima vez que se sienta con deseos de rendirse o estallar. La capacidad sigue allí, así que aprenda a usarla. Con sus colegas y especialmente con los miembros de su familia y sus amigos cercanos, tenga paciencia cuando surjan problemas que pueden tardar en resolverse. Es asombroso como relaciones de larga data pueden romperse luego de un solo malentendido. ¿Cuando la gente se conoce bien, pierde la capacidad de mostrar la paciencia que tendrían con gente relativamente desconocida? Como persona con clase no permita que esta conducta autoindulgente dañe relaciones importantes para su vida. Mucha gente permite que esto suceda y siempre lo lamentan.

Si se siente entusiasta por algo en su vida, sea paciente con la gente que puede compartir inmediatamente su exuberancia y su entusiasmo. Lo que es más, acepte que hasta puede estar resentida por ello. Esto no es lindo ni admirable, pero es la naturaleza de alguna gente.

Por sobre todo, reconozca que no hay necesidad de apurarse o apurar a los demás en cualquier aspecto de aprendizaje y crecimiento. Sea paciente con el aprendizaje de ser paciente. Demuestre esta paciencia con usted mismo y con los que lo rodean.

Este es un punto especialmente importante. Recuerde que el trabajo de Dale Carnegie sobre desarrollo personal no era para beneficio de una persona. También buscaba mostrar a la gente cómo influir positivamente en los demás. Como jefe, como persona con clase y como amigo puede hacer cosas específicas para ayudar a la gente a desarrollar paciencia.

Considere este ejemplo. Rick era un miembro importante de un estudio de abogados prestigioso. Su capacidad profesional era excelente y decididamente parecía ir en camino de convertirse en socio pleno. Había un solo problema: Rick era conocido como un gritón. Era extremadamente impaciente con los errores de los secretarios y los asistentes. Cuando aparecían esos errores perdía rápidamente el control. Incluso se gritaba a sí mismo si cometía un error. Sarah, una socia de la firma que supervisaba a los abogados no socios estaba interesada en ayudar a Rick. Era un buen abogado que podía hacer más efectivo al estudio. Sarah había visto a menudo gente brillante cuyo talento se veía diluido por la impaciencia. Esa gente tenía ideas rápidamente y no podía entender por qué los demás se movían más lentamente. En pocos minutos Rick podía hacer un crucigrama que a la mayoría de la gente le llevaba una hora. Pero en vez de pensar que esta era una capacidad extraordinaria en su caso, pensaba que los demás eran estúpidos. Esto no era algo que lo congraciara con la gente.

Cuando Sarah intentó hablar con Rick sobre este problema, al principio se puso a la defensiva, pero luego aceptó trabajar para corregir su tendencia a estallar contra la gente. Sarah sospechaba que aceptó esto principalmente porque no quería que su temperamento hundiera su carrera, cosa que podría haber ocurrido realmente. También sospechó que tendría que tener paciencia para lograr que Rick se volviera una persona más paciente.

Basada en su experiencia, Sarah sabía que había ciertas cuestiones claves que tenía que subrayarle a Rick. Usted puede usar estos mismos argumentos en el trato con cualquiera que sea impaciente. Incuso puede usarlos con usted mismo.

Por ejemplo, Sarah recordaba continuamente a Rick los avances que había hecho y el esfuerzo que estaba haciendo. Ponía el énfasis en lo positivo en vez de lo negativo. Si Rick se había sobrepasado el lunes por la mañana, pero se comportó de modo diferente por la tarde, Sarah ignoraba lo primero y se concentraba en lo último.

También le advirtió a Rick que debía esperar reveses y errores. Tenía que tener la actitud de "ir paso a paso". Esto era difícil para Rick porque quería que todo sucediera de inmediato. A veces incluso culpaba a Sarah por lo que estaba atravesando. Ella no lo apoyaba. Él no le importaba. Ella no lo entendía. Ella no lo respetaba, y así siguiendo.

En tales momentos, Sarah señalaba que esto era exactamente cómo se sentía otra gente respecto de Rick cuando él se mostraba impaciente con ella. Entonces pidió a Rick que participara de un ejercicio escrito que había armado. Primero se resistió y acusó a Sarah de tratarlo como un niño. Pero cuando ella le recordó que su futuro estaba en juego, aceptó hacer lo que ella le pedía.

El ejercicio era bastante simple. Sarah le pidió a Rick que escribiera los pensamientos y creencia que se le ocurrían a lo largo de un día, mientras tuvieran que ver con cuestiones de paciencia e impaciencia. Rick le dio esta lista:

- *Debería poder hacer las cosas más rápido y mejor. Y todos los demás también.*
- *No debería tener que repetir lo que digo. La gente debería poder entenderme la primera vez.*
- *¿Por qué cambiar y crecer tiene que requerir tanto tiempo y esfuerzo?*
- *Tengo tanto por lograr. No habrá tiempo de hacerlo todo.*
- *Hay una manera correcta y una manera incorrecta de hacer las cosas. ¿Por qué es que todas las personas con las que entro en contacto eligen la manera equivocada?*
- *No importa los avances que haya logrado si no llego a mis metas.*
- *Me disgustan las cosas como las dietas, el asesoramiento y la terapia física. Todas llevan demasiado tiempo.*
- *Dado que tengo que ser perfecto, todos los demás deben ser perfectos. Si la gente no es perfecta, puede ser porque no quiere serlo.*
- *Estoy tratando de cambiar, pero veo otra gente que vuelve a sus viejos hábitos. Eso debe significar que no están esforzándose tanto como yo.*

Pero lo último que escribió Rick fue lo más dicente:

- *Soy un caso imposible. No hay manera de que llegue a cambiar jamás.*

Con el tiempo, Sarah pudo mostrar a Rick que cada uno de los puntos que había escrito era un error de percepción fundamental, pero ninguno estaba tan lejos de la realidad como el último. La razón de esto era simple: la única cosa que Rick podía cambiar decididamente era él mismo, y hasta que hiciera ese cambio, todo lo demás iba a seguir igual. Eso es debido a que todo lo demás no era solo su percepción, sino también una proyección de sus propios problemas.

Es extraño que la gente impaciente a menudo esté tan ansiosa por perder tiempo y energía en cosas que no pueden controlar, especialmente otras personas. En lo que se refiere a la paciencia, la clave es cambiar uno mismo. Cuando lo haga, se sorprenderá de lo distintos que se ven todos los demás.

Al cerrar este capítulo sobre la paciencia con un propósito, pongamos claramente la atención en usted. Para identificar el estado actual de su paciencia, piense cómo contestaría las siguientes preguntas. Quizás quiera escribir sus respuestas en un diario o un papel. Puede hacerlo ahora o más tarde. O puede simplemente formular sus respuestas en su mente.

Primero al comienzo de este capítulo definimos la paciencia como sigue: la paciencia es la capacidad de esperar sin sentir ira, ansiedad o frustración. ¿Está satisfecho con esta definición o puede pensar en otra que funcione mejor para usted?

Segundo, en una escala de uno a diez, ¿cuánta paciencia tiene usted cuando se presenta un problema? ¿Es usted más paciente en el trabajo que en su vida personal o es al revés? ¿Puede pensar en ejemplos en ambas áreas para ilustrar su conclusión? ¿Si hay una gran diferencia entre el trabajo y otros ámbitos, por qué es así? ¿Qué puede hacer en el sentido de ecualizar la diferencia?

Nuevamente, en una escala de uno a diez, ¿cuánta paciencia tiene consigo mismo en áreas de su vida en las que siente que tiene que cambiar? ¿Usando la misma escala, cuánta paciencia tiene con otras personas? ¿Qué le dice esta comparación? Por ejemplo, ¿usted es extremadamente exigente solo consigo mismo? ¿O espera aún más de los demás? Mucha gente impaciente tiene una manera de justificar sus exigencias hacia los demás. Dicen que son igualmente duros consigo mismos. No es sorprendente que otras personas a menudo desacuerden con esta evaluación. Si siente que puede obtener una respuesta cándida, podría querer preguntar a algunos colegas o amigos acerca de cómo resulta esta ecuación en su caso.

Una pregunta relacionada con lo anterior es esta: ¿Cómo reaccionan los demás con su falta de paciencia consigo mismo? ¿Y a su falta de paciencia con ellos? ¿Ha experimentado consecuencias negativas por su falta de paciencia? ¿Si es así, cómo cambió su conducta por esas consecuencias? ¿O se mantuvo decidido a seguir exactamente igual?

¿Qué sentimientos experimenta cuando está impaciente? ¿Son agradables o desagradables? ¿Si son desagradables, como lo son para la mayoría de la gente, porque piensa que sigue adherido a ellos? ¿Qué le impide eliminarlos inmediatamente?

¿Qué creencias bloquean su capacidad de tener paciencia? Por ejemplo, ¿cree que si se afloja un segundo, todo se caerá a pedazos? ¿Qué razón podría tener para creer algo así? ¿Cómo puede poner a prueba sus creencias respecto de la paciencia? ¿Qué creencias alternativas podrían ayudarlo a tener mayor paciencia tanto con usted como con los demás?

Esta última pregunta acerca de creencias alternativas es tan importante que podrían ser útiles algunas sugerencias. Por favor tome con mucha seriedad lo siguiente:

Acepte que todo lleva tiempo y probablemente más tiempo del que le gustaría. Esto incluye los cambios que está tratando de implementar en usted mismo. Esté preparado para la resistencia a cambiar viejas maneras de actuar, reaccionar y creer.

Rearme su visión del pasado, el presente y el futuro. No se base en lo que salió mal ayer como una manera de justificar expectativas no razonables hoy. Por el mismo motivo, no se preocupe por lo que podría suceder mañana. Viva cada día como un nuevo comienzo.

En vez de tratar de hacer todo de una vez, divida metas mayores en objetivos de corto y mediano plazo.

Mucha gente que tiene un problema con la paciencia es como Rick, el joven abogado que mencionamos antes. Cree que ha ido tan lejos que está más allá de toda ayuda, incluso la suya propia. ¿Puede ver que esto es una especie de arrogancia en reversa? Es una manera retorcida de decir que uno es único. No caiga en este modo de pensar. Usted no es el mayor pecador sobre la Tierra. Gente que era mucho más problemática que usted ha hecho cambios importantes en su vida.

Hágase sensible a las realidades de las vidas de otras personas. Están ocupados con sus propias luchas, debilidades, reveses, recaídas, crisis y obstáculos. Sus necesidades no son lo único en lo que tiene que pensar la gente. Lo que es más, sus necesidades no debieran ser lo único en lo que tiene que pensar tampoco.

¿ES FÁCIL APRENDER A TENER PACIENCIA?

La respuesta corta es no. La paciencia es probablemente una de las cualidades personales más difíciles de dominar. Requiere tiempo y energía. Pero no es fácil tener clase. Y no se supone que lo sea.

Vivimos en una sociedad que valora la gratificación instantánea. Hay compañías como FedEx y Pizza Dominó que han ganado millones simplemente porque responden a la cuestión de cuánto tiempo tendrán que esperar los clientes. Porque esperar en nuestra cultura se traduce como sentirse frustrado, olvidado, estresado y, por sobre todo, enojado. Por lo que aprender a ser paciente tiene muchos beneficios, ¡aunque quizás necesite algo de paciencia para llegar a conocerlos! Estas son algunas ideas al respecto:

Conozca la diferencia entre cosas que controla, aquellas en las que puede influir y las cosas sobre las que no tiene control o influencia. Dedique el grueso de su tiempo y atención a las cosas que controla. Es ahí donde puede incidir más. Dedique el resto de su tiempo y atención a las cosas en las que puede influir, sabiendo que las cosas pueden no salir como quiere. Deje de lado las cosas sobre las que no tiene control o influencia. El tiempo o la atención dedicada a ellas es un desperdicio.

Viva día a día. Trate cada día como un don preciado porque eso es exactamente lo que es. Ayer ya pasó y mañana aún no llegó, por lo que aproveche hoy al máximo, porque de todos modos es lo que tiene.

Acéptese y perdónese. Usted está creciendo, aprendiendo y cambiando todo el tiempo o al menos así debiera ser. Como ser humano, incluso uno inolvidable, cometerá errores. Supérelo y siga adelante con su vida. Perdónese sus errores, debilidades e imperfecciones. Aprenda de ellos y siga adelante.

Cambie su punto de vista. En vez de castigarse por sus errores pasados, acéptelos como parte de lo que es hoy. Tener clase es progresar, no ser perfecto.

Planifique su vida y siga su plan. Tenga un plan B en caso de que las cosas no salgan como espera. De otro modo va a provocar su propia frustración. ¡No hay nada más enloquecedor que estar esperando a que suene el teléfono! Si está en esa situación, probablemente necesite más paciencia de la que tiene. De modo que tenga esperanzas de que se dé lo mejor, pero prepárese también para que no se dé lo mejor.

Defina metas grandes y luego dé pasos pequeños. Puede alcanzar cualquier meta estableciendo pasos realizables que lo mantengan motivado. Celebre cada vez que da un paso hacia su meta.

Enfrente sus sentimientos respecto de no alcanzar sus metas de modo inmediato. Recuerde que el mundo no se creó en un día. Los árboles más altos empiezan por ser semillas y tardan años para alcanzar su fuerza y belleza plena. Cada paso que da lo acerca a los resultados que desea.

No se preocupe. Preocuparse por el mañana le resta energía y fuerzas hoy. En cambio use esa energía para avanzar hacia sus metas.

Conviértase en su mejor amigo. Usted es la única persona con la que vivirá toda su vida, así que conózcase bien y trátese como la persona valiosa que es.

Hace muchos años el filósofo Reinhold Niebuhr escribió las palabras que se han llegado a conocer como la Plegaria de la Serenidad, cuyos dos primeros versos dicen:

> *Dios, danos la gracia de aceptar con serenidad*
> *Las cosas que no pueden cambiarse*

Todo lo que dijimos en este capítulo está expresado en esas dos líneas y las que siguen. Si sinceramente desea ser una persona más paciente, no las olvide. Si quiere ser una persona con clase, viva en concordancia con ellas. Si quiere ser una persona inolvidable, enséñeselas a otras personas también.

CAPÍTULO DOCE
Inteligencia más allá del intelecto

¿"Inteligencia más allá del intelecto"? ¿Qué puede querer decir?

En una palabra, significa intuición. Para mucha gente que se ha hecho inolvidable, la intuición siempre ha sido el elemento básico de su éxito. Para ver lo que esto significa veamos un caso.

La Walt Disney Company es una de las mayores historias de éxito en la historia de los negocios de los Estados Unidos, y la intuición ha tenido un rol importante en la compañía desde el comienzo. Cuando Walt Disney hizo el primer dibujo de un ratón, por ejemplo, quería llamar al ratón Mortimer. A su esposa eso no le sonaba bien y sugirió cambiarlo a Mickey. ¿Pudo haber dado un motivo muy razonado acerca de por qué prefería Mickey? Probablemente no. ¿Se hizo una encuesta de marketing para ver qué nombre prefería el público? No, porque en aquel entonces no existían las encuestas de marketing y Walt Disney de todos modos no podría haberla pagado. Pero Mortimer se cambió por Mickey y el resto, como se dice, es historia. Todo sucedió por una intuición de parte de la esposa de Walt Disney.

Varias décadas más tarde, Walt Disney puso en práctica una intuición propia. En 1939 hubo una gran Feria Mundial en la ciudad de Nueva York. Millones de personas vinieron de todo el mundo. La feria fue un evento realmente histórico, pero eventualmente se terminó. Se desmanteló todo. Habían venido millones de personas, ¿pero qué pasaba con los millones que pudieron haber querido ir pero no lo hicieron? ¿Qué hay de la gente que vino pero que podría querer volver? Para ellos era demasiado tarde. La feria se había ido para siempre.

A mediados de la década de 1950 Walt Disney tuvo la idea de crear una versión de la Feria Mundial que fuera permanente. La gente podría ir tantas veces como quisiera a lo largo de los años o incluso a lo largo de su vida. Nadie tendría que ir a la feria en determinada fecha, pero tarde o temprano un número inmenso de personas harían el viaje. Toda una generación visitaría la feria y algún día llevarían a sus propios hijos y las visitas continuarían para siempre.

Esto fue la invención de lo que se ha llegado a conocer como el parque temático, pero en aquel tiempo era solo una intuición por parte de Walt Disney. No contaba con estudios de factibilidad o estudios demográficos. Sí tenía acceso a algunas tierras al sur de Los Ángeles, pero no tenía ni remotamente el dinero suficiente para construir el proyecto. Lo que es más nadie quería invertir en la intuición de Walt Disney. Los bancos lo rechazaron. Parecía que la visión nunca se concretaría.

Pero Disney tenía una idea para resolver este problema. Se dirigió a los ejecutivos de la American Broadcasting Company con una propuesta. A cambio de su inversión en el parque, Walt Disney crearía un programa semanal de una hora llamado —qué sorpresa— Disneylandia. El show tendría dibujos animados y documentales de animales de todo el mundo. Y lo mejor de todo: cada programa incluiría informes de los avances de la construcción del parque en el sur de California. El plan fue un inmenso éxito, como lo fue Disneylandia desde el día que se inauguró en 1955.

Es interesante señalar que la inteligencia tal como se entiende generalmente no tuvo casi rol alguno en esta historia. Por cierto que los inversores que rechazaron el concepto de Disneylandia no actuaron inteligentemente. Si lo hubiesen hecho podrían habérseles ocurrido un par de cosas importantes. Podrían haber advertido que se estaba construyendo el sistema de carreteras interestatales que daría a las familias estadounidenses mucha más movilidad que antes, y el crecimiento del transporte aéreo haría lo mismo. Pero esto no se les ocurrió a los administradores de fondos que rechazaron las ideas de Walt Disney. Eso fue un error, pero fue un error aún mayor no tener en cuenta el inmenso crecimiento de la población que se daba en los años después de la Segunda Guerra Mundial. Entre 1946 y 1964 apareció la generación del boom de los bebés: más de setenta millones de niños, un gran porcentaje de los cuales tarde o temprano visitaría Disneylandia. Pero ninguno de los banqueros o analistas de inversiones pensaron en esto, pese a ser profesionales con experiencia y gran formación.

Asombrosamente, Walt Disney tampoco lo pensó. No estaba concentrado en los cambios demográficos ni en el transporte aéreo, ni el sistema de carreteras. Simplemente quería tener una Feria Mundial Permanente, porque le molestaba la idea de que las anteriores Ferias Mundiales se terminaban. Quería que su Feria Mundial Permanente tuviera una versión perfecta de la Calle Principal de un pueblo chico, porque le molestaba la idea de que el pueblo chico de su infancia había desaparecido. La cosa es que el pueblo chico de la infancia de Walt Disney nunca había existido, pero esa es otra historia. La cuestión es que el intelecto no ayudó a la gente que rechazó la idea de Disney, y el intelecto tampoco es lo que llevó a la creación de la idea original.

Fue solo un destello de intuición en el cerebro de Walt Disney, o más probablemente en su corazón. Fue solo una corazonada.

Quizás no ha tenido una idea como Disneylandia aún, pero conoce el poder intuitivo que la generó. Llámelo corazonada, un destello de visión, o una inspiración repentina pero ¿cuántas veces ha tenido una fuerte sensación —positiva o negativa— respecto de un trabajo, un colega, un acuerdo de negocios potencial? ¿Cuántas veces ha encontrado de pronto la respuesta a una pregunta que ni siquiera sabía que estaba haciendo? Y si es como la mayoría de la gente, su respuesta a veces fue correcta. Es probable que lo haya atribuido a la casualidad. Pero también es probable que esa explicación no le resultara del todo satisfactoria.

Todos tenemos destellos de intuición, pero los ignoramos o desconfiamos de ellos, por ser distracciones irracionales e inútiles. Todos tenemos capacidades interiores, pero tenemos que darles el valor que merecen, ni más ni menos. En este capítulo conocerá la diferencia entre ignorar sus poderes intuitivos y confiar en ellos ciegamente. Verá cómo aprovechar la intuición al máximo sin exagerar su importancia. Aprenderá a aprovechar las visiones que van más allá de la inteligencia convencional y verá por qué la capacidad de hacer esto es una cualidad importante de un ser humano inolvidable. La intuición no es solo un juego para una fiesta. Es una forma singular de poder personal que merece su atención.

Para ver cómo funciona esto en el mundo real, analicemos uno de los sectores de mayor crecimiento en los Estados Unidos en los primeros años del siglo XXI, a saber, el sector de la seguridad, que provee protección contra ataques terroristas para sitios corporativos y públicos. A esta altura todos están familiarizados con la mayor seguridad en los aeropuertos. Si ha ido a Nueva York u otra ciudad grande últimamente sabe que ingresar a un edificio de oficinas importante es tan complicado como subirse a un avión. Se le requiere vaciar sus bolsillos y pasar detectores de metal y se le da un pase para ingresar al edificio que expira en un plazo determinado.

Las compañías del sector han dedicado mucho tiempo a pensar y mucho dinero a desarrollar maneras de simplificar este proceso. Ganaría millones de dólares cualquier firma que pudiera idear una tecnología de detección mecánica o electrónica que sea rápida y confiable. Se están probando muchos métodos ingeniosos, incluyendo huellas palmares, analizadores de voz e incluso perros entrenados para olfatear el temor o la ira.

Pero todas estas técnicas tienen un problema. Al mismo tiempo que gente inteligente produce nuevas tecnologías de seguridad, hay gente inteligente buscando maneras de superarlas. Muchos de los mejores pensadores acerca de cómo burlar la vigilancia están empleados por las compañías de seguridad mismas. Constantemente buscan maneras de burlar los dispositivos electrónicos más avanzados. Lo que es más, esas maneras siempre existen. Se puede burlar cualquier dispositivo y solo hace falta burlarlos una vez.

Con todas las tecnologías que se han incorporado, hay solo un sistema de vigilancia que no puede burlarse sistemáticamente si se lo emplea adecuadamente. Ese sistema es un ser humano capacitado y concentrado y preferentemente más de uno. Los atacantes potenciales podrán penetrar las barreras más cuidadosamente construidas, pero aún así pueden ser atrapados gracias a la intuición de un hombre o mujer diligentes. En un sector que se ha vuelto lucrativo y de alta tecnología la última y la mejor línea de defensa siguen siendo los ojos y oídos de una persona.

Considere esto. Suponga que quiere construir una máquina que pueda replicar la acción de un jugador de campo de Baseball. La máquina necesitaría tener ciertas capacidades mecánicas y electrónicas avanzadas. Tendría que poder detectar y seguir una pelota que sale despedida en línea recta al ser golpeada por un bate. Tendría que calcular instantáneamente el punto en el que la pelota caerá a tierra. Entonces tendría que moverse rápidamente hacia ese punto para atrapar la pelota. Luego la máquina tendría que lanzar la pelota hacia la base con la trayectoria correcta. La trayectoria de la pelota tiene que ser justa, para que se pueda atrapar al corredor antes de que llegue a la base.

Dejando de lado todos los problemas mecánicos que plantea la construcción de tal máquina, se requeriría por cierto un equipo de matemáticos y físicos solo para analizar los varios arcos y ángulos.

Pero Mickey Mantle no era un matemático. Willie Mays no era un computador científico. Ninguno de esos jugadores se detenía a ponderar lógicamente lo que hacía cuando lanzaba la pelota desde el campo. Realizaban operaciones extremadamente complejas por instinto, no en base a la razón o la inteligencia. Sentían cómo atrapar la pelota. Sentían cómo lanzarla. Si uno les preguntaba cómo lo hacían no podrían haberlo dicho. Pero por cierto que podían mostrarlo.

Una universidad empresaria importante estudió dos mil CEO cuyas compañías habían aumentado al doble sus ganancias en los últimos cinco años. Ochenta por ciento de esos ejecutivos informaron que adoptaron importantes decisiones basándose en enfoques intuitivos. Estudiaron toda la información relevante y los datos disponibles, pero aún así llegaron a conclusiones en base a factores que no se podrían haber cuantificado.

Por lo que a menudo la mejor decisión es una corazonada que desafía la lógica. Es una sensación interior o un destello de visión que ofrece la solución óptima. Los profesionales que son a la vez pensadores racionales y tomadores de decisiones altamente intuitivos obtienen los mejores resultados en el mundo real. Tienen una clara ventaja para enfrentar desafíos y resolver problemas. Como descubrirá puede dar pasos claros para sumarse a sus filas.

Imaginemos tres ejemplos de personas que tienen posturas muy distintas respecto de la toma de decisiones. Nuestra primera persona, la llamaremos Steve, tiene una orientación acrítica hacia el mundo, que gusta creer que es intuición. Steve dice:

"No necesito pasar mucho tiempo pensando las cosas. Confío en mis tripas. Alguna gente es muy inteligente, pero es demasiado inteligente para su propio bien. Piensa demasiado todo. Yo tengo un sexto sentido que me lleva en la dirección correcta y si me lleva en la dirección equivocada y me meto en problemas, aún confío en mi sexto sentido para superarlos".

Steve no ve ninguna razón para intelectualizar su vida. Se dice que confía en sus tripas, pero por algún motivo sus tripas, por lo general, lo llevan por el camino de menor resistencia. En realidad, toma las cosas como vienen. Como resultado de ello Steve puede ser muy vulnerable frente a individuos más sofisticados y manipuladores. Su postura pasiva a veces lo hace parecer indefenso e inadecuado pero también querible, como un niño. Esto puede hacer que otros hagan cosas por Steve, quizás porque se conmiseran con él.

Nuestro segundo ejemplo se llama Laurie. Ella tiene una postura muy diferente:

"Cuando tengo que tomar una decisión, la pienso todo el tiempo que pueda. Me concentro especialmente en las cosas que pueden salir mal cuando analizo un cierto curso de acción. A veces mi análisis cuidadoso de varias opciones tarda tanto que las opciones han desaparecido para cuando tomo una decisión. Pero quizás eso era lo que quería que sucediera. Supongo que me siento más cómoda con el pensamiento que con la acción. Puede ser que se me pasen algunas buenas oportunidades, pero al menos evito algunos errores graves".

Laurie valora el pensamiento lógico y cuanto más lo hace, más lo valora. Como ella misma reconoce, valora pensar por sobre actuar. El de Laurie es un caso clásico de lo que Zig Ziglar llama "parálisis por análisis".

Nuestra tercera persona se llama Brian. Dice:

"Trato de pensar cuidadosamente mis decisiones, pero a veces hago cosas impulsivamente. Si algo no está muy claro y no sé qué hacer, hasta puedo arrojar una moneda al aire para tomar una decisión. O quizás simplemente sigo la ruta que parece mejor en el momento. Si una decisión realmente parece tener dos alternativas igualmente viables, probablemente lo más importante sea llevar hasta el final la opción que uno elige. Habrá ventajas y desventajas por ambos lados, por lo que lo mejor es advertir que no estará completamente contento o descontento. Simplemente trate de sentirse cómodo con el resultado".

Brian ofrece un contraste interesante con Laurie y Steve. Al igual que Laurie, Brian valora el poder del pensamiento racional. Pero a diferencia de Laurie, no es todo lo que valora. Brian también se asemeja a Steve en la importancia que da a lo que dicen las tripas, pero no permite que eso se traduzca en fatalismo y pasividad. Brian conoce los límites, tanto de la lógica como de la intuición. Trata de usar ambas, pero también sabe que hay momentos en los que ninguna de las dos le dará una respuesta rápida y segura. Es entonces cuando hay que tomar la mejor decisión posible y luego aceptar los resultados de esa decisión. La persona con clase sabe que a veces las cosas no salen tan bien como se esperaba. Cuando eso sucede, la gente inolvidable sabe cómo sacar provecho de la situación. También confían en que las cosas serán distintas la próxima vez. Y a veces las cosas no solo se dan de modo diferente, sino de modos totalmente inesperados.

Un ejemplo. En la década de 1960 James Watson y Francis Crick eran dos jóvenes biólogos investigadores de la Universidad de Cambridge en Inglaterra. Se esforzaban por entender la estructura molecular del ADN, el código genético que es la base de la vida en la tierra. Esta era una de las cuestiones más importantes de toda la historia de la ciencia. Watson y Crick exploraron muchas posibilidades diferentes de la estructura del ADN, pero ninguna resultó la correcta. Por lo que siguieron intentando. Era inmensamente frustrante, pero no se dieron por vencidos.

Entonces una noche Francis Crick tuvo un sueño sobre una víbora enroscada. Cuando despertó pensó en el sueño y vio que la víbora había revelado una nueva idea para la estructura molecular. Increíblemente, cuando Crick y Watson pusieron la idea a prueba se demostró correcta. Luego de años de trabajo intelectual, la solución vino de la sabiduría intuitiva de un solo sueño. Cambiaron el mundo y Watson y Crick ganaron el Premio Nobel.

Pero hay que entender una cuestión crucial. Crick nunca hubiera tenido el sueño si no hubiese estado pensando tanto el problema. No fue una coincidencia que él tuviera el sueño sobre la estructura del ADN y no otra persona. Había hecho su aporte en términos de pensamiento consciente. Es aquí donde se revela el aspecto de "clase" de esta historia. Tener el sueño no fue una muestra de clase, pero convertirse en la persona que podía tenerlo decididamente lo fue. Al hacer un esfuerzo sostenido tanto tiempo, se movilizó la energía inconsciente de Crick. El circuito eléctrico ya estaba instalado en la pared. Él sólo tenía que prepararse para mover el interruptor.

Usted también puede prepararse y desarrollar su intuición, no es tan difícil como puede parecer. Todos la tenemos y siempre funciona, incluso sin ningún esfuerzo de nuestra parte. Es una fuerza en nuestro interior que siempre quiere expresarse. Solo tenemos que prepararnos para que la intuición se revele. Entonces tenemos que reconocer el poder que se nos ha conferido y usarlo bien. Es solo cuestión de ver la importancia de la intuición, sin creer que la intuición es lo único que importa.

Desarrollar su intuición significa acceder a información intuitiva de manera no bloqueada: sin interrupciones, confusión o análisis racional, que puedan interponerse. Se nos alerta que debemos desconfiar de ideas que no puedan verificarse. Llegamos a creer que todo puede explicarse de modo razonable y científico. Si uno se detiene allí puede ser una persona inteligente. Pero nunca será una persona inspirada. Usted puede estar en contacto con las muchas cosas que la lógica puede explicar, pero no estará conectado con las cosas que van más allá de la lógica.

Valorar su intuición es fácil. La próxima vez que reciba una llamada tómese un segundo antes de contestar. Pregúntese quién puede estar en el otro extremo de la línea. Intente hacerlo rápidamente. No deje sonar el teléfono mientras analiza todas las posibilidades. Pregúntese mentalmente y vea qué es lo primero que se le ocurre. Puede no ser un nombre. Puede ser el recuerdo de un incidente que involucra cierta persona. Podría ser la imagen de un objeto asociado con un individuo.

El teléfono no es la única manera de practicar el pensamiento intuitivo. Llevar un diario es probablemente el ejercicio más valioso. Pero antes de salir corriendo a comprar un cuaderno con espiral sea consciente de que no es fácil llevar un diario que valga la pena. Exige disciplina llenar una o dos páginas todos los días y luego necesitará reflexionar sobre lo escrito para ver qué se le ocurre. Recuerde, Francis Crick no hubiera soñado la estructura del ADN si no hubiese trabajado tan duro. O si lo hubiese soñado no lo hubiera entendido. Así que prepárese mentalmente para escribir un diario del mismo modo que se prepararía para cualquier otra tarea significativa, porque si no hace la preparación, la tarea no será significativa.

Use su diario para captar sus ideas, observaciones y percepciones. Escriba sueños, sentimientos y corazonadas. Si tiene una reunión de trabajo mañana con gente que no conoce imagine cómo se verán y cómo enfocarán el asunto en discusión. Registre los destellos de visión y lleve un registro de decisiones que toma sobre esa base. Ocasionalmente revise lo escrito para ver cuáles de sus corazonadas resultaron correctas. Llevando la cuenta podrá evaluar su grado de acierto y posiblemente incrementarlo.

Al practicar los ejercicios de intuición, recuerde que está trabajando para despertar ciertas facultades en usted que han estado adormecidas por mucho tiempo. No se desaliente si no logra resultados inmediatamente. Haga un esfuerzo continuo y podría asombrarse de los resultados.

Hacer la conexión entre intuición e intelecto no tiene por qué ser difícil. Es posible que ya exista la conexión en su mente y su corazón. Pero una cuestión importante: la mayoría de la gente lo entiende al revés. Trata de escribir con el extremo equivocado del lápiz. Trata de poner en marcha el auto apagando el motor. ¡Lo que es peor, probablemente ni siquiera lo sepa!

La mayoría de la gente está convencida de que primero y por sobre todo tiene que responder a las cuestiones materiales de su vida. Por ejemplo, ¡tiene que hacerse rica! ¡Tiene que tener plata en el banco! Tiene que tener el auto, la casa y el fondo de inversión. Entonces y no antes podrá responder a los elementos intangibles de su vida. Cree que lo intangible es la parte cálida y suave. Las cosas materiales son las realidades sólidas como una roca. Valoran más una cosa que la otra. Pero no debiera ser cuestión de escoger un lado por sobre el otro. Es mucho más importante valorar ambos lados de uno mismo —el interior y el exterior— y hacer que funcionen juntos.

Queremos ocuparnos de lo exterior primero y luego nos ocuparemos del interior. ¿Y qué sucede? Trabajamos y trabajamos para asumir más responsabilidades, títulos más prestigiosos y por sobre todo trabajamos para tener más dinero. Creemos que logrado eso todo lo demás se acomodará. Es un error. La base del éxito no es que lo interior viene antes que lo exterior ni lo opuesto. Ser una persona con clase no es cuestión de que los sentimientos pesen más que el intelecto o la mente más que el corazón. Hacerse inolvidable significa que todas sus partes funcionan al unísono.

Al cerrar este capítulo, una historia para tener presente. Un hombre joven llamado Bob estaba decidido a tomar contacto con sus poderes de inspiración interiores. Meditó intensamente para desarrollar su intuición. Quería poder ver el futuro, pero no lo hacía por diversión. Estaba decidido a ganar la lotería usando su intuición. Pero semana tras semana quedaba desilusionado.

Un día Bob fue a tomar un café con un amigo. Durante su conversación, Bob habló de la manera en que su intuición lo estaba defraudando. "Tengo una imagen tan fuerte del número ganador —dijo— y nunca sale. Sé que la intuición es una fuerza inmensamente poderosa y estoy haciendo todo lo posible para dominarla. ¿Qué tengo que hacer para ganar la lotería?".

Bob obviamente sentía tremendo dolor emocional. Su amigo lo miró por un instante y dijo: "Bob, quizás sería bueno que compres un billete".

LOS LÍMITES DE LA INTUICIÓN

Hemos visto que usted probablemente sepa más de lo que cree. ¡Pero eso no significa que sabe todo!

Un gran error de muchos ejecutivos y gerentes es reunirse con clientes teniendo una idea preconcebida de lo que necesitan. El primer paso para saber lo que quiere la gente es preguntarle. Aunque algunos de sus clientes y miembros de su equipo pueden tener una noción superficial de lo que necesitan, otros realmente se han debatido con la cuestión y tienen una idea bastante desarrollada de lo que necesitan de usted.

Antes dedicamos todo un capítulo a la importancia de escuchar. A veces escuchar lo que la gente le dice le revelará vías para atender a sus necesidades. Escuchar atentamente puede ayudarlo a descubrir otras necesidades subyacentes de las que la gente ni siquiera es consciente. Pero si entra a una reunión con clientes y sugiere que entiende sus necesidades mejor que ellos, bueno mejor no espere llegar demasiado lejos.

Analicemos esta cuestión estrictamente en un contexto de negocios. Otra manera de conocer las necesidades de sus clientes es acceder a blogs y foros relevantes relacionados con su sector para ver qué problemas están teniendo otras compañías. Esto le dará un mayor conocimiento y comprensión del negocio de sus clientes. Cuanto más sepa de lo que enfrentan, tanto mejor podrá darles lo que realmente necesitan.

A menos que tenga la suerte de encontrarse en un nicho único, es probable que otras compañías estén ofreciendo un producto o servicio similar al suyo. Para descubrir lo que sus clientes buscan, vea lo que ofrece su competencia. Algunas compañías gastan sumas significativas en investigar las necesidades de sus clientes y usted quizás pueda aprovechar sus esfuerzos. Vea lo que estas compañías ofrecen y si es necesario adapte su producto para asegurarse de ser realmente competitivo.

Muchas veces ofrecer un servicio o producto genera oportunidades de ofrecer más servicios. A medida que se crea confianza con sus clientes, pueden estar más dispuestos a escuchar sugerencias o incluso pueden pedir su opinión respecto de qué otras cosas podría proveerles. Puede estar en condiciones de ofrecer servicios conexos que no fueron considerados previamente, o que eran provistos por otra compañía. Esas nuevas oportunidades pueden llevar a más oportunidades aún.

La clave para conocer las necesidades del cliente empieza por la voluntad de escuchar realmente lo que los clientes tienen para decir. Cuanto más escuche y sepa, tanto más podrá ofrecer sugerencias y llevarlos a las raíces de sus necesidades.

Y cuanto más lo haga, más inolvidable será.

CAPÍTULO TRECE
Resiliencia sin remordimientos

La *resiliencia* es una palabra que encuentra un número creciente de usos en el mundo moderno. La resiliencia es la capacidad de recuperarse y adaptarse exitosamente a la adversidad. Los psiquiatras y educadores a menudo usan la palabra al analizar niños que han sido parte de familias disfuncionales o sufrido otras formas de trauma. Los ambientalistas hablan de la resiliencia de una región que ha estado sujeta a sequías o tormentas importantes.

La resiliencia también se ha vuelto una palabra muy usada en los negocios y en los círculos corporativos. En tiempos menos turbulentos, los ejecutivos podían suponer que los modelos de negocios durarían para siempre. Las compañías se esforzaban por mejorar, pero rara vez lo hacían para volverse diferentes. No necesitaban repensar su razón esencial de existir. Pero hoy el cambio fundamental es esencial, no solo para las compañías como un todo, sino para los seres humanos que ellas incluyen. Colectiva e individualmente, el éxito ya no gira en torno de la dinámica o la participación en el mercado. Exige resiliencia, el poder de reinventarse dinámicamente al cambiar las circunstancias.

En este sentido la resiliencia es más que responder a una crisis única o recuperarse de un revés. Tiene que ver con anticipar y adaptarse continuamente a tendencias cambiantes. Las compañías, la gente y quizás incluso las naciones que no cambian pierden inevitablemente influencia. Esto nos presenta algunos desafíos a todos, pero la resiliencia parece ser una capacidad humana innata. La capacidad de recuperarse es mayor en alguna gente que en otra, pero usted puede aumentar su resiliencia así como puede fortalecer sus músculos o acumular en su cuenta bancaria. Crear esa fortaleza es esencial para cualquiera que aspire a tener clase. La clase es la capacidad de encontrar energía extra cuando se necesita. Lo que es más, la clase significa encontrar incluso más energía extra cuando ya se han agotado las reservas. Las investigaciones muestran que en alguna medida esta es una capacidad inherente. Su responsabilidad es maximizar esa capacidad en su vida cotidiana.

Al hacerlo, el primer paso es la autoevaluación. Los estudios muestran que ciertas condiciones en la vida de las personas las ayudan a tener resiliencia. Escuche los siguientes diez grupos de preguntas y responda sí o no. Cuantas más veces responda sí, tantos más recursos tiene para recuperarse con fuerza de problemas y reveses. Cuando responda no, piense en los cambios que necesita implementar y cómo piensa hacerlos.

1. ¿Tiene varias personas en su vida que le dan amor incondicional y escuchan sin juzgar, personas que lo apoyarán incluso en momentos difíciles?
2. ¿Está involucrado en una escuela, una compañía, una organización espiritual u otro grupo donde se siente cuidado y valorado? ¿Siente que tiene una conexión emocional con una cantidad de personas en su trabajo o su vida profesional?

3. ¿Tiene buena salud y está en condición física razonablemente buena? ¿Evita comidas y bebidas insalubres? ¿Duerme lo suficiente y hace suficiente ejercicio?

4. ¿Tiene gente en su vida que cree en su capacidad de sobrevivir, tener éxito y prosperar? ¿Recibe aliento y respaldo positivo de esta gente regularmente?

5. ¿Más allá de lo que piensen los demás tiene fe en *sí mismo*? ¿Se siente en general optimista respecto de su capacidad de alcanzar sus metas, aún cuando encuentre problemas?

6. ¿Siente que sus opiniones y decisiones son escuchadas y valoradas en sus relaciones personales más estrechas?

7. ¿Sus ideas son escuchadas, respetadas y a menudo aceptadas en su trabajo y su carrera?

8. ¿Usted se ofrece para ayudar a otros en su comunidad y en el mundo? Esto puede significar donar su tiempo a través de una organización comunitaria o espiritual o hacer donaciones financieras caritativas regularmente.

9. ¿La mayoría de sus relaciones con amigos y miembros de su familia tienen límites claros que facilitan el respeto mutuo, la independencia personal y dar y recibir por parte de cada persona? ¿Usted establece y mantiene límites diciendo que no cuando lo necesita?

10. ¿Es una persona optimista por lo general? ¿Cree que las cosas suelen resultar bien?

Si respondió afirmativamente a una mayoría de estas preguntas, parece tener un sistema de soporte fuerte en varias áreas de su vida. Tiene gente y organizaciones en las que puede confiar cuando las necesita. Junto con los recursos externos, la gente también supera las dificultades por sus cualidades internas. Lo que sigue puede considerarse una "lista personal de resiliencia". Probablemente nadie posea todos los elementos de esta lista. Puede tener tres o cuatro de estas cualidades que usa del modo más natural y más a menudo. Aún así, puede no haber identificado nunca estos atributos claramente en su mente. Es útil reconocer los fortalecedores primarios de resiliencia, y también es importante desarrollar otros nuevos en la mayor medida posible.

Hay siete elementos personales que desarrollan la resiliencia. Al escuchar la descripción de cada uno, pregúntese si es una presencia poderosa en su vida, o solo promedio o un área relativamente débil que probablemente podría fortalecer.

Podemos llamar a la primera cualidad sociabilidad. ¿Qué capacidad tiene de fortalecer amistades y relaciones positivas?

El segundo rasgo es el humor. Esto no significa que cuenta chistes todo el tiempo. Significa ver el lado cómico de la vida. También significa poder reírse de sí mismo incluso en circunstancias serias.

El tercer rasgo es la comprensión. ¿Cree que tiene una comprensión más que promedio de la gente y de situaciones? ¿Siente que a menudo percibe cosas que los demás no ven?

El número cuatro se llama distanciamiento adaptativo. ¿Por lo general es capaz de reconocer a la gente y las situaciones negativas y tomar distancia de ellas?

El quinto rasgo es la flexibilidad. ¿En qué medida se adapta al cambio? ¿Es capaz de doblarse sin quebrarse en situaciones difíciles?

El sexto rasgo es la competencia personal. ¿Hay algo en lo que es realmente bueno, algo que le da confianza y energía renovadas?

El séptimo rasgo, que probablemente sea el más importante de todos en términos de resiliencia es la perseverancia. ¿En qué medida es capaz de seguir intentando pese a las dificultades? ¿Tiende a darse por vencido bastante rápido? ¿O lentamente? ¿O nunca?

Hemos presentado bastantes preguntas hasta aquí en este capítulo. Si las ha respondido de modo reflexivo, debe tener una evaluación precisa de sus recursos externos e internos de resiliencia. Ese es solo el comienzo. Ahora necesita desarrollar los recursos que tiene e iniciar los que no tiene. El momento para hacerlo es *ahora*. La anticipación probablemente sea el más importante elemento de desarrollo de la resiliencia de todos. Reconocer que las cosas pueden salir mal es importante, pero no es de gran ayuda si eso no lo motiva a actuar.

Así que por favor escuche atentamente. Estas son siete maneras de desarrollar su resiliencia tanto en una crisis como antes de que se dé una crisis, es decir, ahora mismo.

Primero, haga conexiones. Conozca nueva gente, conozca tantas de ellas como pueda. No prejuzgue al respecto. No encuentre la manera de cancelar un almuerzo con un amigo de un amigo solo porque no ve cómo esa persona puede serle de ayuda. Por el contrario, esa es una buena razón para concretar el encuentro. Usted no ve cómo una persona puede ayudarlo, pero después de un encuentro con ella, pueden abrírsele los ojos. O quizás no pueda ayudarlo ahora, pero cuando cambien las condiciones eso también puede cambiar. Finalmente siempre está la posibilidad de que alguien con clase como usted pueda ayudar a esa persona. Puede hacerse inolvidable.

Segundo, evite ver una crisis como un problema insuperable. No sea catastrofista. Rápido, piense qué lo preocupaba hace dos años. ¿Era tan terrible como parecía? ¿Se acabó el mundo o sigue usted aquí? ¿Y qué hay de hace tres años? ¿Lo recuerda siquiera? ¿Qué le dice eso?

Tercero, acepte que el cambio, tanto positivo como negativo, es parte de vivir. La flexibilidad es la clave, especialmente dado que lo que se ve negativo hoy podría verse muy distinto mañana. Probablemente conozca aquello sobre el póquer: "Cada mano es ganadora y cada mano es perdedora". La marca de alguien con clase es saber cómo jugar cuando la mano viene mala. Con la excepción de una auténtica tragedia, virtualmente todo en la vida tiene un lado positivo. La resiliencia significa sobrevivir al aspecto negativo y reconocer el lado positivo y aprovecharlo. ¿Es fácil? No y no se supone que sea fácil.

Cuarto, avance sostenida y sistemáticamente hacia sus metas aún en condiciones adversas y además actúe decididamente ahora mismo para poner fin a la adversidad. Cuando Thomas Watson era el jefe de IBM, nada lo molestaba tanto como la inacción durante una crisis. Una vez fue a una reunión con sus máximos ejecutivos y se encontró con que esperaban su llegada antes de tomar ninguna decisión. Watson estaba furioso. "¡Hagan cualquier cosa, pero hagan algo!", exclamó. "Si hacen lo correcto, maravilloso. Y si hacen algo equivocado, ¡soluciónenlo!".

Quinto, busque oportunidades de autoconocimiento. Imagine esto: Su hija pequeña quiere una nueva casa de muñecas para Navidad. Implora, argumenta, llora. ¿Cómo puede resistirse? Le consigue la casa de muñecas. Es cara, pero esa no es la gran sorpresa. La gran sorpresa es que tiene que armarla. Hay alrededor de quinientas partes y su hija observa pacientemente —o impaciente— mientras trata de descubrir dónde va cada una. La tarea lleva seis o siete horas. ¿Qué ha descubierto al final de la jornada? La persona común podría decir: "Aprendí a armar una casa de muñecas". La persona con clase diría: "Descubrí que tengo mucha más paciencia de la que jamás imaginé".

Ahora ponga las cosas en perspectiva. Imagine que está nadando en el océano, alrededor de veinte metros de la costa. De pronto siente una poderosa corriente que lo arrastra mar afuera. Es una contracorriente, también conocida como resaca. ¿Qué va a hacer? La mayoría de la gente comienza a resistir la corriente, lo que por supuesto no tiene sentido, porque el agua es mucho más pesada y fuerte que cualquier ser humano. Todos los años esto lleva a una cantidad de personas ahogadas, ya que la gente se agota y eventualmente se hunde. Como le dirá cualquier guardavida, lo correcto es relajarse y dejar que la resaca haga lo suyo. No lo va a llevar a China. ¿Quizás lo aleje otros treinta metros de la costa? ¿Y qué? Entonces puede nadar de regreso. Para entonces —a menos que haya sido tan tonto como para nadar en una playa desierta— alguien verá lo que sucede y le conseguirá ayuda. Es todo cuestión de no atolondrarse. De no reaccionar exageradamente. Las cosas no están tan mal como parece, a menos que usted las empeore.

Finalmente, asegúrese de descansar, comer e incluso reír lo suficiente y contar con suficiente apoyo. En síntesis, cuídese. Incluso en una crisis, encuentre el momento para cosas que disfruta y lo aflojan. El ejercicio físico es especialmente importante. Cuidarse ayuda a tener la mente y el cuerpo en condiciones de responder a una situación que requiere resiliencia.

La mejor manera de aumentar su resiliencia varía de una persona a otra. La clave es identificar las ideas que funcionan para usted. Hasta ahora hemos visto acciones tácticas que puede implementar cuando se produce una crisis, o cuando sabe que hay muchas probabilidades de que ello suceda. En un momento analizaremos los cimientos más profundos en los que se basa la resiliencia.

Cuando la gente se ve abrumada por las adversidades, el resultado puede ser pensamientos deprimidos y acciones autodestructivas. Por lo general, hay indicios cuando esto comienza a suceder, aunque a menudo estos no son advertidos, incluso por la persona que los genera. Cuando la gente siente dolor, puede sentir vergüenza de ello. Esto puede hacer que oculte sus emociones o que las presente de maneras defensivas. Así que esté atento cuando escuche afirmaciones como las que siguen y esté especialmente alerta si se escucha decirlas a usted mismo:

"Parece haber muchos más problemas que soluciones".

"Siento que las cosas se salen de control".

"Siento que no puedo cambiar lo que está sucediendo en mi vida".

"No estoy seguro de que realmente me importe ya".

Y la mayor de todas, a la que nos referimos en un capítulo anterior: "¿De qué sirve?".

Si tiene sensaciones como estas, no significa que no tiene clase. Significa que está en una crisis y necesita tener acceso a algo de resiliencia. A veces el problema puede tener raíces tan profundas que se necesita ayuda profesional. Pero, por lo general, la gente puede hacer mucho por su cuenta. Como hemos mencionado, cuanto antes se creen las bases de la resiliencia, tanto mejor estará.

Mucha gente no ha tenido la oportunidad de desarrollar los elementos básicos para la resiliencia. Por fortuna, no es demasiado tarde para hacerlo, y una buena manera de hacerse inolvidable es ayudar a alguien a lograrlo. La gente puede aprender a responder a obstáculos con resiliencia en vez de con depresión.

Esto requiere crear una base para la resiliencia usando cinco elementos básicos: confianza, independencia, iniciativa, energía e identidad. Veámoslos uno por uno.

La confianza significa creer en y confiar en otras personas. La confianza comienza desde el nacimiento y se fortalece o debilita a medida que avanza la vida. Al comienzo no tenemos otra opción que confiar en que otros nos alimenten y protejan. Si esa confianza no se ve correspondida por otras personas, el impulso de confianza se debilita y tenemos una opción. Podemos optar por no confiar en la gente en nuestras vidas o en el mundo en su totalidad e incluso podemos optar por no confiar en nosotros mismos.

Cuando la confianza es débil o está ausente en alguien, pueden comenzar a suceder varias cosas, y ninguna de ellas es buena para ese individuo, para su empleador, o para usted si es colega o jefe de esa persona.

Por ejemplo: si una persona siente que no puede confiar en sí misma para obtener logros y tener éxito, puede tratar de protegerse de su inevitable fracaso. Puede volverse dependiente. Puede querer que haga cosas por ella, porque supone que usted es mejor que ella y que usted la protegerá. O puede ir en el sentido contrario y volverse dominante y agresiva.

Es posible que se haya encontrado con alguien que tiene una personalidad controladora. Alguien que parece decidido a decirle a todos los demás qué tienen que hacer, cómo hacerlo, cuándo hacerlo, y así siguiendo. Este tipo de personalidad claramente se basa en la falta de confianza. Viene de ver a todos los demás como incompetentes, hostiles e incluso quizás peligrosos. De hecho una persona controladora dice: "Para evitar que me falles y quizás incluso que me perjudiques, tengo que controlarte".

El problema, sin embargo, es que el control total del medio físico y humano es imposible. De modo que la gente controladora tiene que volverse cada vez más controladora. Cuando fracasa, no tienen resiliencia porque han puesto todos sus huevos en la canasta del control y no funcionó. Fin del juego.

Por lo que la capacidad de confiar es un elemento básico para crear resiliencia. Va en su interés y en el interés de su organización ayudar a la gente a saber confiar. Como persona con clase, tiene la oportunidad de darles este importante elemento básico. ¿Cómo puede hacerlo? Es simple y lógico. Usted ayuda a otra gente a desarrollar la confianza siendo confiable. Lo hace siendo predecible, respetando a cada individuo, no divulgando lo que han dicho en confianza, y de muchas formas más. Entonces, cuando ha establecido relaciones de confianza con la gente, puede ayudarla a desarrollar capacidades que les servirán para encontrar otros en los que pueden confiar. A los ojos de la gente se ha vuelto una persona inolvidable y ahora puede mostrarle cómo encontrar otras personas inolvidables.

Recuerde esta fórmula simple: la manera de volverse confiado es incorporando a su vida gente que merece confianza. La manera de ayudar a otra gente a desarrollar la confianza es ser confiable uno mismo.

Un segundo elemento básico de la resiliencia es la independencia: el deseo de tomar sus propias decisiones en las buenas y en las malas, y el poder de tomar las decisiones correctas en la mayoría de las oportunidades. En esto hay una paradoja interesante. La independencia se vuelve mayor con el éxito, pero también depende del fracaso. No se puede tener resiliencia si nunca se ha fracasado. No puede aprender a levantarse si nunca lo han derribado. No se puede ser independiente si uno siempre tuvo quien lo cuide.

Imagine que es padre de una hija que se ocupa seriamente de las tareas que le dan en la escuela para el hogar. Si tiene una nota baja en una tarea se siente terrible. Naturalmente quiere protegerla —y a sí mismo— de tener que enfrentar una situación así. Por lo que comienza a ayudarla con su tarea. Pronto ya no les está ayudando, en realidad, usted está haciendo la tarea. Si bien sus intenciones eran buenas —quería protegerla— el resultado puede ser problemático. Ella no tiene independencia por el simple motivo de que depende de usted. No tiene resiliencia porque nunca aprendió a recuperarse del fracaso.

Para establecer el elemento básico de la independencia, refuerce el éxito, pero no evite el fracaso a cualquier costo. El costo puede ser mucho mayor de lo que previó.

El tercer elemento básico es la iniciativa, la capacidad y disposición a actuar. Acabamos de hablar del problema de evitar el fracaso en el desarrollo de la independencia. Este es un factor importante en la iniciativa también. La clave de este elemento básico es tomar distancia del resultado de una acción. Tiene que dejar de pensar en términos de resultados exitosos o no exitosos. Si usted lo intenta honestamente y pone su mayor esfuerzo, eso en sí mismo es el éxito.

Estados Unidos se fundó sobre la idea de la segunda oportunidad. La gente vino aquí de todo el mundo por dos motivos: porque las cosas no le habían ido bien donde estaban y porque el nuevo país les ofrecía una oportunidad para comenzar de nuevo. No importaba lo que hubiese sucedido en el pasado mientras tuviera la resiliencia de hacer un nuevo intento. Al esforzarse por ser una persona con resiliencia, no se hable ya de una persona con clase, es absolutamente esencial mantener esta perspectiva.

Nuestro cuarto elemento básico es la energía. En relación a la resiliencia, hay dos variedades de energía. Llamemos a la primera inspiración. Suponga que su negocio quiebra. Suponga que se caen sus inversiones. Suponga que un tornado se lleva su casa. Por unos instantes se siente aplastado y entonces le sucede algo. Está decidido a ponerse nuevamente de pie. Piensa en todas las grandes personas que han enfrentado problemas mayores que usted y está decidido a ser como ellas. Se ha conectado con una energía específica de la resiliencia y se lanza a lograr su objetivo. Eso es inspiración.

Ahora hay otro escenario. Mira el agujero en la tierra donde antes estaba su casa, antes de que el tornado se la llevara. En vez de sentirse inspirado y lleno de energía, se siente cansado y derrotado. En su pensamiento aparece la eterna pregunta: "¿De qué sirve?". ¿Cómo responde? Si es una persona con clase, si es una persona resiliente, si está decidido a hacerse inolvidable, podría luchar aunque no se sienta dispuesto a ello. A veces encuentra energía en sí mismo incluso en el momento en que se está preguntando: "¿De qué sirve?". Cualquiera puede lograr grandes cosas cuando él o ella están lanzados y decididos. Pero la gente que genuinamente tiene resiliencia logra grandes cosas incluso cuando está lejos de sentirse muy bien. Eso no es inspiración, eso es fuerza de voluntad. Para ser una persona resiliente tendrá que tener ambas formas de energía, tanto inspiración como fuerza de voluntad. Porque cuando falta la primera, la segunda tiene que estar disponible.

El quinto y último elemento básico de la resiliencia es la identidad. Definamos esto a través de un ejemplo histórico. Hace casi dos mil quinientos años, Alejandro Magno llevó su ejército a Asia para enfrentar al imperio persa, que en aquel tiempo era el más poderoso del mundo. El ejército de Alejandro era mucho más pequeño que el persa, estaba peor equipado, y sus soldados luchaban lejos de su hogar. La noche anterior a la batalla decisiva, Alejandro se dirigió a sus tropas. Al igual que Joe Namath antes de que los Jets de Nueva York jugaran contra Baltimore en el Súper Bowl, Alejandro comenzó por asegurarles la victoria. Luego dijo: "Les daré tres razones por las que les aseguro la victoria. Primero, como nación venimos de muchas generaciones de gente dura y trabajadora. El enemigo en cambio viene gozando de la vida en su gran imperio mientras nosotros cuidábamos de las ovejas y tratábamos de trabajar la tierra pedregosa de Grecia. Segundo, al nivel individual, venimos de familias duras y trabajadoras. Cada uno de ustedes tuvo un padre y una madre que se levantaba en la mañana y hacía lo que fuera necesario. Pero las familias del enemigo son ricas y perezosas. Duermen hasta tarde. No crían ovejas. Son ovejas. Ahora el motivo final por el que vamos a ganar es el más simple e importante. El enemigo tiene como líder al gobernante del imperio persa. Pero ustedes me tienen a mí".

El propósito de este discurso era crear identidad. Alejandro dijo a sus tropas que eran fundamentalmente distintas y fundamentalmente mejores que las del enemigo. Les dio cosas con las que podían identificarse: su nación, sus familias y su líder. En la difícil situación que enfrentaban, tenían esa identidad para sostenerse y para apoyarse.

Piense un poco en su propia identidad. ¿Cuáles son los puntos de identificación que lo hacen sentir confiado de que las cosas saldrán bien y que lo vuelven más resiliente si no lo hacen? Cuando trabaje con otras personas, busque sus fuentes de identificación y si no las tienen, ayúdelas a crear algunas. Y dicho sea de paso, el ejército de Alejandro ganó la batalla. Fue la mayor sorpresa hasta que los Jets ganaron el Súper Bowl.

Cuando algo sale mal, ¿cuánta clase tiene usted? ¿Se recuperará o se derrumba? La resiliencia es la capacidad de apoyarse en sus puntos fuertes y recuperarse más rápido de un revés o un desafío, sea la pérdida de un empleo, una enfermedad, un desastre, o la muerte de un ser querido.

Pero si no tiene resiliencia, usted tiende a hundirse en los problemas, sentirse víctima, abrumado, o incluso asume conductas reactivas tales como el abuso de sustancias dañinas. Incluso puede ser más proclive a tener problemas de salud mental.

La resiliencia no hará que desaparezcan los problemas pero puede darle la capacidad de ver más allá de ellos, encontrar la manera de disfrutar de la vida y manejar mejor el estrés. Si no es tan resiliente como le gustaría, puede desarrollar capacidades que le permitan ser más resiliente. Es la capacidad de absorber los golpes. Significa que, aunque sufra de estrés, adversidades, traumas, o tragedias, puede seguir funcionando, tanto psicológica como físicamente.

La resiliencia no tiene que ver con "aguantar" o vivir de acuerdo a viejos clichés tales como "sonreír y seguir adelante". No significa que uno ignora sus sentimientos. Cuando sufre la adversidad, sigue experimentando ira, pena y dolor, pero puede continuar con sus tareas diarias, mantenerse optimista en general y continuar con su vida. Ser resiliente no significa ser estoico o continuar solo. Ser capaz de buscar el apoyo de los demás es un componente clave de ser resiliente.

Para desarrollar su resiliencia, pruebe estas ideas:

- Conéctese. Cree relaciones fuertes y positivas con familiares y amigos que le dan apoyo y aceptación. Hágase voluntario, involúcrese con la comunidad o hágase parte de una comunidad de fe o espiritual.
- Encuentre sentido. Desarrolle un sentido de propósito para su vida. Tener algo significativo en que centrarse

puede ayudarlo a compartir emociones, sentir gratitud y experimentar un sentido de bienestar aumentado.

- Comience a reír. Encontrar el lado humorístico a situaciones estresantes no significa que niegue lo malo. El humor es un mecanismo que ayuda a superar situaciones. Si no puede encontrar nada gracioso en una situación, busque otros motivos para reírse, tales como un libro o una película graciosa.

- Aprenda de la experiencia. Piense en cómo superó dificultades en el pasado. Apóyese en las capacidades y estrategias que lo ayudaron a superar momentos difíciles y no repita aquellas que no fueron de ayuda.

- Manténgase esperanzado. No puede cambiar lo que sucedió en el pasado, pero siempre puede mirar hacia el futuro. Encuentre algo cada día que indique que las cosas están cambiando para mejor. Espere buenos resultados.

- Cuídese. Atienda a sus necesidades y sentimientos, tanto física como emocionalmente. Esto incluye participar en actividades y hobbies que disfruta, hacer ejercicio regularmente, dormir lo suficiente y comer bien.

- Lleve un diario. Escriba sobre sus experiencias, pensamientos y sentimientos. Hacer un diario puede ayudarlo a experimentar fuertes emociones que de otro modo temería desatar. También puede ayudarlo a ver situaciones de un modo diferente y a identificar patrones en su conducta y sus reacciones.

- Acepte y anticipe el cambio. Prever cambios hace más fácil adaptarse a ellos, tolerarlos e incluso recibirlos positivamente. Con la práctica puede aprender a ser más flexible y no ver el cambio con tanta ansiedad.

- Trabaje con la perspectiva de alcanzar una meta. Haga algo todos los días que le dé una sensación de logro. Incluso las metas pequeñas y cotidianas son importantes. Tener metas lo ayuda a mirar hacia el futuro.

- Actúe. No se limite a desear que sus problemas desaparezcan o a tratar de ignorarlos. En cambio descubra lo que debe hacer, haga un plan y actúe.

- Mantenga la perspectiva. Analice su situación en el contexto más general de su vida y del mundo. Mantenga una perspectiva de largo plazo y sepa que su situación puede mejorar si trabaja en ella activamente.

- Practique técnicas de manejo del estrés y de relajación. Recupere su paz interior y calma practicando yoga, meditación, respiración profunda, visualización, imaginería, oración o relajación muscular.

El título de este capítulo es "Resiliencia sin remordimientos". Eso significa que no debe sentir remordimientos por sus errores porque puede aprender de ellos. No lamente los obstáculos a los que se enfrente porque puede convertirlos en oportunidades. La resiliencia y los remordimientos son opuestos. Como la luz y la oscuridad, no pueden coexistir. Por lo que la opción es suya. Como persona con clase, elegirá la opción correcta.

CAPÍTULO CATORCE
Consideración y reconocimiento más allá del terreno en el que se siente cómodo

Lo advirtamos o no, las leyes de dar y recibir tienen un rol importante en nuestras vidas. No lo dude: las ideas que exploraremos en este capítulo son *leyes*, no solo opiniones o sentimientos. Ignorar estas leyes es tan tonto como tratar de manejar su auto después de desinflar sus llantas. Puede intentarlo, pero no llegará lejos.

Hace más de doscientos años el filósofo de la economía Adam Smith hizo una afirmación simple, pero se la sigue debatiendo y discutiendo. Adam Smith dijo que la sociedad funciona mejor cuando la gente actúa de acuerdo a su propio interés. Puede sorprenderlo saber que la filosofía de Dale Carnegie concuerda con esa afirmación, siempre que se defina y entienda adecuadamente lo que es el interés propio. Porque el interés propio no es lo mismo que el egoísmo. El interés propio es lo opuesto del egoísmo, como está por descubrir.

Es fácil ver por qué la gente hace cosas egoístas. Un hombre encuentra una billetera en el ómnibus. La billetera tiene dinero. Como todas las personas, el hombre quiere más dinero del que tiene en el momento, por lo que se guarda el dinero y arroja la billetera a la basura. No importa lo que piense desde una perspectiva ética, tiene una clara lógica. Pero a veces y más a menudo de lo que cree, el hombre devuelve el dinero. Guardarse el dinero puede explicarse en una frase, pero devolverlo requiere algo más de explicación. Guardarse el dinero podría parecer que responde al interés propio del hombre, pero eso tampoco es tan simple.

¿Por qué hace la gente cosas consideradas? Ayuda a extraños, contribuye a organizaciones caritativas, es voluntaria en hospitales, envía alimentos y provisiones a víctimas de terremotos. Describimos estas acciones como caritativas o altruistas, en vez de en interés propio. En contraste, la mayoría de nuestras interacciones con la gente involucran dar para recibir. Vendemos bienes y servicios para obtener dinero, por ejemplo. Pero ser apreciativo significa dar algo sin la expectativa clara de recibir algo definido a cambio.

Permítanme mostrar por qué la consideración y el interés propio no son tan distintos al final de cuentas. Todo depende de cómo definimos el interés propio. ¿Es solo la satisfacción del deseo de corto plazo de beneficios materiales? ¿O es el interés propio más que esto? La mayoría de la gente tiene metas de largo plazo más allá de obtener ganancias rápidas o incluso más allá de ganar dinero. Puede estar actuando por interés propio, pero no en términos materiales.

Suponga que un viajero se queda sin nafta en un oscuro camino rural. Un agricultor pasa en un jeep. El agricultor tiene una lata de nafta. Se detiene y pone nafta en el automóvil del viajero que se ha quedado. Cuando el conductor le ofrece dinero el agricultor sacude la cabeza. "Sé lo que es quedarse en un camino oscuro —dice— así que el único pago que le pido es este: algún día verá a alguien al que se le quedó el automóvil igual que usted. Cuando eso suceda, quiero que se detenga y lo ayude igual que yo lo hice por usted ahora".

¿Está actuando el agricultor como una persona totalmente irracional? ¿Hubiese sido más razonable decir: "Bueno son diez dólares"? De ningún modo, porque cada uno se beneficia de vivir en una sociedad donde nos ayudamos mutuamente de modo considerado. La gente actúa con consideración en parte porque eso algún día le será correspondido. Un joven que le da el asiento en un ómnibus a una mujer mayor da un ejemplo con esa mujer a todos en el ómnibus. Es de esperar que la mujer recuerde la consideración que recibió y algún día ayude a otro. Será como pagar una deuda.

¿Y qué sucede si no paga la deuda? La gente que se beneficia de la consideración pero no la extiende es aprovechada. Ha tomado sin dar. La gente así no es poco común en el mundo. ¿Se siente mal respecto de sí misma? No siempre, porque hay un modo simple de justificar su conducta. "Nadie me dio nada nunca, por lo que no tengo que devolver nada. No he sido tratado con consideración por lo que no tengo que ofrecerla".

Esto es absolutamente falso. ¿Cómo puede una persona que se levanta de la cama cada mañana afirmar que nunca recibió nada? ¿Cómo puede la gente que ve con sus ojos y escucha con sus oídos creer que nunca recibió algo por nada, el don más considerado posible? Lo realmente extraño es que la gente que tiene menos es más proclive a honrar el don de la vida que la gente que tiene mucho más. Cuanto más tenemos, más queremos y menos apreciamos lo que ya tenemos.

Esto vale especialmente para el dinero. El dinero es el medio a través del cual más a menudo se expresa —o no se expresa— la consideración. No hay absolutamente nada más que ponga en cuestión todos nuestros asuntos como el dinero. ¿El dinero es el origen de todo mal? Bueno el dinero y también el deseo de dinero provocan mucha excitación en la vida de la gente, a menudo el tipo de excitación del que podría prescindir. El dinero es la principal fuente de problemas entre cónyuges. Puede causar problemas entre amigos también y es un tema permanente entre empleadores y empleados. El dinero es utilizado para controlar de varias maneras: ¿quién da, quién recibe y qué significa en términos de la relación?

El dinero pone incómoda a mucha gente. Los ingresos son una de las últimas cosas que la gente quiere que se sepa. Si no gana mucho dinero le da vergüenza y si gana mucho dinero quizás también se avergüence de ello.

El dinero y nuestra relación con él pueden ser complicados y confusos. Para ser una persona con clase tiene que resolver esto, porque el dinero y cómo lo maneja se cuentan entre las visiones más visibles de su carácter y personalidad. Debe entenderse una paradoja esencial sobre el dinero. Por un lado, el dinero es limitado por definición: no se puede pagar un auto de US$ 20.000 con un cheque por US$ 10.000. En ese sentido, el valor del dinero es claro y directo.

Pero el dinero también es por definición ilimitado, al menos en términos de su potencial. Diez dólares pueden ser 10 hoy, pero mañana pueden ser 20, o incluso US$ 20.000. O pueden ser nada de dólares. El dinero es indefinido. Es energía cruda, no manifestada, puede ser usado para prácticamente cualquier propósito, para bien o para mal.

Para mucha gente el dinero es seguridad. Este es un uso inmensamente importante de los ingresos de la gente. También es uno de los más difíciles de comprender. Al fin de cuentas, alguna gente que tiene millones de dólares sigue preocupada por su seguridad financiera. Se sabe de millonarios que se suicidaron porque perdieron la mitad de su fortuna. Una persona puede tener recursos inmensos, pero si son la mitad que antes, se siente amenazada. Se siente vulnerable. No puede seguir adelante. Pero sigue teniendo más dinero que la vasta mayoría de la población.

El secreto es que el dinero, por sí mismo, no tiene un valor particular. El dinero tiene el valor que le damos. Imagine un empresario rico que llega a la cabina de peaje en su 4x4 gigante. Paga su peaje de cincuenta centavos pero accidentalmente le erra a la canasta con sus monedas. No hay problema, arroja dos monedas más. Recuperar los cincuenta centavos no justifica el esfuerzo. Pero si aparece una persona sin techo y encuentra los cincuenta centavos es una gran bonanza. Para una persona cualquier suma puede no significar nada, pero para otra es la mitad de lo que tiene. El dinero no tiene un valor establecido por sí mismo. Uno valora el dinero de acuerdo a cómo lo percibe. Es uno el que decide, en realidad, el valor del dinero.

Si no entiende esto, puede meterse en serios problemas. Pero una vez que lo entiende, puede hacer que el dinero sea su sirviente obediente en vez de su amo tiránico.

Cuando prospera en su carrera, gana dinero. Obtiene ganancias. Ese es uno de los propósitos de los negocios, pero no es el único propósito. Por sorprendente que parezca, no es ni siquiera el propósito más importante para una persona que quiere tener clase. Porque en lo que se refiere a clase, lo que uno hace con sus ganancias es al menos tan importante como obtenerlas. Lo más importante que puede hacer con sus ganancias es ser considerado con ellas, darlas, no de modo tonto sino considerado. Lo más importante es hacer circular su dinero, porque en su circulación volverá a usted, quizás no en la forma de dólares y centavos, pero reaparecerá de alguna manera. Como dice la Biblia: "Echa tu pan sobre las aguas, que después de muchos días lo hallarás". Esas se cuentan entre las palabras más sabias jamás escritas sobre el dinero y la consideración.

Para la mayoría de la gente ser considerado no es algo que le resulte natural o fácil. Pero hacer lo que resulta difícil es lo que significa tener clase. Para ayudarlo a enfrentar las dificultades que plantea ser considerado aquí van seis principios para tener presentes. Son decididamente informativos y espero que también lo inspiren. Para cuando haya escuchado el último, debiera entender por qué dar es realmente una precondición para recibir y por qué cuidar los intereses de los demás es, en realidad, en interés propio en el sentido verdadero del término.

Primero, deje de lado para siempre el lamento común que mencioné antes: "Nunca nadie hizo nada por mí, por lo que no voy a hacer nada por otros". Si usted vive en los Estados Unidos en el siglo veintiuno debe descalificarse automáticamente de esa línea de pensamiento. Debiera hacerlo por su propio bien. Los estudios muestran que tener sentido de la gratitud es la emoción más compartida entre la gente feliz y exitosa.

No importa quién sea, siempre hay cosas por las cuales estar agradecido, así que ejerza esa opción. A lo largo de la historia de la humanidad, donde dominó la tiranía, uno de sus principales objetivos fue conseguir que la gente se centre exclusivamente en su propio interés. En los campos de concentración de la Segunda Guerra Mundial, el sistema estaba cuidadosamente orquestado para enfrentar a la gente entre sí. La mayoría de los prisioneros no podían resistir esta presión, y nadie debiera culpar o juzgarlos. Pero unas cuantas personas entendieron que la forma más poderosa de resistencia era negarse a centrarse en sus propias necesidades. Eso requería gente extremadamente fuerte —realmente inolvidable— y puede enseñarnos muchos respecto de la consideración y la supervivencia. Un libro reciente incluyó una entrevista con una mujer mayor que pasó varios años en uno de los campos. "¿Cómo fue?", le preguntaron. La mujer escogió sus palabras con cuidado: "Por lo menos en un sentido estoy agradecida por haber estado allí. Porque era un lugar donde uno podía hacer mucho bien".

Para hacerse una persona inolvidable reconozca que donde está ahora es un lugar en el que puede hacer mucho bien. Es también un lugar donde le han hecho mucho bien a usted. Y actúe en concordancia —dicho de otro modo, con consideración— a partir de hoy.

Nuestro segundo punto: cuando piense en lo que puede dar y compartir, no olvide incluirse a usted mismo como una posibilidad. Nos hemos centrado en el dinero como un medio para la consideración en este capítulo, pero no se limite a eso. Y especialmente no se limite al dinero si tiene mucho. Si un empresario tiene US$ 50 millones y da US$ 10.000 a una caridad, ¿qué le costó en términos de consideración real? ¿Dar US$ 10.000 es más considerado que dar una hora de su tiempo? Hemos dicho que la clase a menudo es cuestión de hacer lo que es difícil. Eso es particularmente cierto en términos de consideración.

La inversa de esto es la gente cuyas circunstancias no son las ideales. Dirán: "No tengo nada que dar. No me molesten. Pidan a gente rica". Primero, eso nunca es cierto. Cualquiera puede dar una sonrisa, una broma, una palmada en la espalda, una palabra de aliento, amistad, consejo e incluso amor. Cualquiera puede ser rico en esas cualidades y cuando las comparte, se siente rico. Cuando dice que no tiene nada, no refleja una realidad, está creando una realidad y es usted el que tiene que vivir en ella.

Otra cosa interesante acerca de decir: "No tengo nada para dar". Con pocas excepciones, la gente que piensa así no cambia repentinamente su actitud si cambian sus circunstancia materiales. Si no da diez centavos cuando tiene un dólar, hay muchas probabilidades de que no sea más considerado aunque gane la lotería mañana. Pueden cambiar las situaciones materiales, pero las actitudes son mucho menos flexibles. Puede ser una persona considerada ahora mismo simplemente decidiendo serlo y comportándose como tal.

Tercer punto: la conciencia positiva proactiva es una parte esencial de la consideración. Si actúa de modo considerado solo porque siente que tiene que hacerlo, renuncia a los beneficios de su acción. Si hace una donación a una universidad solo para que pongan su nombre en el frente de un edificio, esa no es una acción considerada, no importa cuánto dinero dé.

Punto cuatro: a la gente con clase le encanta actuar de modo considerado y busca oportunidades para hacerlo. La clase y la ausencia de ella forman hábito. Uno de los mayores obstáculos para volverse una persona inolvidable es simplemente el hábito de no serlo. Todos conocemos gente que ha estado en el mismo empleo por treinta años o más, no porque le guste, sino porque es simplemente lo que siempre hizo. Lo mismo vale para la consideración.

Si no está totalmente feliz con lo que sucede con su carrera, sus finanzas o su vida en general, pregúntese por qué. Una de las cosas que casi siempre puede cambiar es el nivel de consideración en su experiencia cotidiana. Es simplemente cuestión de hacer ese cambio.

Empiece por preguntar: "¿Qué cosas de mi vida están en piloto automático? ¿Qué hago todos los días sin siquiera pensarlo?". Obviamente esto no se refiere a cosas tales como cepillarse los dientes o sacar la basura. ¿Cuáles son sus conductas habituales que involucran a otras personas? Su hábito puede ser ir a trabajar duro todos los días de las siete de la mañana a las once y media en la noche. Usted se dice que verá a sus hijos quizás los fines de semana. Usted está trabajando por sus hijos para que no tengan que trabajar tan duro como usted. Pero al fin de cuentas, no tiene una relación con sus hijos. Puede estar trabajando por ellos, pero quizás, en realidad, eso sea una excusa. Se ha convencido de que tiene que elegir entre una cosa o la otra. ¿Hay una alternativa más considerada? ¿Hay una manera de que le dé un poco menos a su trabajo y un poco más a su familia? Al principio puede ser un poco difícil. Podría involucrar romper con algunos hábitos a los que se ha acostumbrado. Pero como dijimos, tener clase no es fácil, y no se supone que lo sea.

Veamos otro ejemplo. Está en un vuelo de avión. Por el rabillo del ojo mira a la persona junto a usted, que no llama demasiado la atención. Si solo fuera Donald Trump, si solo fuera Jack Welch, si solo fuera Steven Spielberg. ¿Por qué no podría estar una de esas personas en el avión con usted? Entonces encontraría la manera de iniciar una conversación. Aunque no se le ocurriera nada mejor que "Buen tiempo", encontraría la manera de aprovechar esta afortunada coincidencia. Tener sentada al lado una persona poderosa e importante podría ayudarlo de muchas maneras y no dejaría pasar la oportunidad. Pero en cambio, la realidad es que está sentado junto a un don nadie.

Bueno, permítame sugerir un modo diferente de ver la situación. En vez de pensar "Esta persona no puede ayudarme", trate de pensar: "Quizás puedo ayudar a esta persona". Eso es pensar consideradamente. Eso es pensar en dar en vez de recibir. Eso es pensar en lo que puede suceder en vez de lo que no puede suceder. Porque, ¿cómo sabe lo que puede suceder? La gente con clase no se centra en cosas que no puede controlar, tales como lo que otra persona pueda hacer. Como persona con clase, usted se centra en lo que siempre puede controlar, que es lo que puede hacer en este momento exacto.

Quinto punto: la consideración siempre tiene un efecto multiplicador. Como ha dicho el doctor Robert Schuller "Cualquiera puede contar las semillas en una manzana, pero nadie puede contar las manzanas en una semilla". Bueno, quizás no pueda contar cuántas manzanas tiene una semilla, pero al menos tiene la idea de que son muchas. Para eso hay que plantar la semilla. Una vez que lo hace, pueden empezar a pasar cosas buenas y dejar de pasar cosas malas.

Una pequeña historia para ilustrar lo que esto significa. Un tipo más bien confiado, de nombre Ben, vivía en una pequeña aldea que se estaba inundando después de cuarenta días de lluvia. Llegó un vehículo de rescate al lugar y el conductor le habló: "Apúrese, toda la aldea pronto estará bajo el agua. ¡Suba!". Ben se quedó parado en el porche con el agua hasta los tobillos. "Me quedo aquí. Dios me salvará". Horas más tarde llegó un bote. El capitán le dijo a Ben que nadara hasta el bote. Aunque ya tenía el agua a la cintura, Ben se negó. "Tengo fe que Dios me salvará", gritó. El bote se fue. Para la noche el agua le había llegado al cuello a Ben. Un helicóptero apareció. Cayó una soga de rescate justo delante de Ben. "Tome la soga", gritó el piloto. Ben le indicó al helicóptero que se fuera: "¡Yo sé que Dios me salvará!". Las aguas pronto cubrieron la boca de Ben… sus ojos… finalmente su cabeza. Ben se ahogó. En el cielo, Ben pidió un encuentro con Dios. "Esperé que me salvaras", exclamó Ben. "¿Qué sucedió? ¿Por qué no me salvaste?", exclamó Ben. "Pero Ben —respondió Dios—, ¿quién crees que envió el jeep, el bote y el helicóptero?".

Hace más de veinte años Paul Newman, ahora ya fallecido, decidió que ya no tenía problemas de dinero. Con un amigo tuvieron una idea para comercializar una marca de salsa para fideos. El gancho de marketing sería el nombre y la foto de Paul en el frasco. Luego de varias décadas en el cine, sin embargo, Paul no sentía necesidad de tener su rostro en un frasco así como consideraba que no necesitaba dinero. Pero entonces se le ocurrió una idea. La salsa se comercializaría con una foto de Paul Newman en el frasco, pero todo el dinero iría a caridad.

Esta compañía se creó del modo más casual y no planificado. Pero recibió publicidad. En todo el país cuando la gente veía la imagen de Paul Newman en el frasco de salsa lo compraba en vez de comprar otro. ¿Por qué? ¿Porque pensaban que tendría mejor sabor? No, lo compraba porque había sabido que las ganancias irían a caridad. Había escuchado que era una actitud apreciativa y quería ser partícipe de la consideración. Créalo o no, así funcionan las cosas.

La línea de productos alimenticios de Paul Newman ha generado casi US$ 300 millones en contribuciones a caridad. Se creó completamente sin la intención de que le diera dinero a Newman y su socio. ¿Fue el motivo de su éxito? ¿Qué piensa? ¿Hubiera la gente comprado el producto pensando que le permitiría a Paul Newman, el famoso actor, comprarse otra casa o auto? Por el contrario, la gente compró la salsa precisamente porque sabía que eso era lo que no haría. Puede estar seguro de que esta es una ley de hierro en la economía, así como en todas las demás áreas de la vida. La consideración tiene un efecto multiplicador. Lo puede llevar al banco. ¡Solo que no podrá depositarlo a su nombre!

El punto seis es en algunos sentidos el más poderoso y el más interesante. La consideración genera prosperidad. Dar a los demás se traduce en recibir. La consideración es una inversión, una de las mejores inversiones que puede hacer.

Sería interesante tratar de documentar esto con muchos datos y cifras. No puedo hacer eso, pero mucha gente sabe instintivamente de algún modo que dar es una inversión. Sir John Templeton, una de las personas más ricas del mundo, dijo: "La consideración siempre ha sido la mejor inversión y la que da las mayores ganancias". ¿Cómo sucede? Nuevamente, es difícil explicarlo. Tiene algo de misterioso. Mark Victor Hansen, co-creador de la colección de libros

Chicken Soup for the Soul (*Sopa de pollo para el alma*), lo dice de este modo: dar hace que el universo esté en deuda con uno. Más aún, el pago a menudo se da de modos sorprendentes y en momentos inesperados y de fuentes imprevistas. Pero de algún modo la consideración pone en marcha una energía que atrae ganancias hacia usted como un campo magnético.

LA CONSIDERACIÓN EN
EL LUGAR DE TRABAJO

Los seis puntos que acabamos de ver tienen aplicación en cada área de su vida, tanto en los negocios como en lo personal. Ahora veamos algunas sugerencias que refieren específicamente a las responsabilidades de un jefe con clase en el lugar de trabajo.

Como líder y constructor de equipos, mostrar consideración a su equipo puede asegurar un clima positivo, productivo e innovador en la organización. Con este fin un simple "gracias" alentará las acciones y pensamientos que harán exitosa a su organización. La gente que se siente apreciada es más positiva al respecto de sí misma y su capacidad de aportar. Las personas con autoestima positiva son potencialmente los mejores miembros de su equipo. Estas opiniones respecto del reconocimiento para los miembros del equipo son comunes entre los empleadores. ¿Entonces por qué se implementan poco?

El tiempo es una excusa citada a menudo. Es cierto que requiere tiempo dar reconocimiento a los miembros del equipo. Los empleadores también comienzan con las mejores intenciones al buscar dar reconocimiento al desempeño de los miembros de equipos, pero a menudo se encuentran con que sus esfuerzos se convierten en una oportunidad para quejas, celos e insatisfacción de los mismos. Dadas estas experiencias, muchos empleadores son renuentes a dar reconocimiento a los miembros de los equipos.

Más allá de las limitaciones de tiempo, muchos jefes no saben cómo mostrar su consideración de modo efectivo, por lo que tienen malas experiencias cuando lo intentan. Suponen que "una talla vale para todos", cuando dan reconocimiento. Los líderes piensan en términos demasiado estrechos a qué responderán los miembros del equipo en términos de consideración. Las sugerencias a continuación pueden ayudarlo a expandir su perspectiva y mostrar a los miembros de su equipo un reconocimiento inolvidable.

Que sea claro. Cree metas para los miembros de su equipo y planes de acción que reconocen los objetivos, las conductas, y los logros que quiere promover y premiar en su organización. Cree oportunidades para el reconocimiento de miembros del equipo que pongan el énfasis y refuercen estas cualidades y conductas buscadas. Una nota escrita con copia es un buen formato. El miembro del equipo se queda con una copia y la segunda se guarda en el archivo de personal.

La equidad, claridad y coherencia son importantes. Su equipo necesita ver que cada persona que hace el mismo aporte o uno similar tiene igual posibilidad de recibir reconocimiento por su esfuerzo. Recomiendo que para el reconocimiento de miembros de equipo provisto regularmente las organizaciones establezcan criterios estándar. Entonces cualquiera que cumpla con los criterios recibe reconocimiento. Por ejemplo, si la gente es reconocida por superar una expectativa de producción o ventas, cualquiera que supere la meta debe recibir reconocimiento. Glorificar solo al de mejor desempeño creará un clima de derrota o insatisfacción entre todos los demás, especialmente si los criterios son poco claros o se basan en opiniones.

El reconocimiento debe ser individualizado. ¿Coherente pero también individual? ¿Esto es contradictorio? En realidad, no. Simplemente asegúrese de que sus esfuerzos por dar reconocimiento no se conviertan en anuncios predecibles que se dan sin provocar entusiasmo real. Esto no debe ser como dar un reloj de oro, a menos que nadie más haya recibido un reloj de oro. "Hizo un buen trabajo hoy" es un comentario positivo pero no tiene el poder de "El informe tuvo un impacto significativo en la decisión del comité. Usted hizo un excelente trabajo en cuanto a destacar los puntos clave y la información que necesitamos sopesar antes de decidir. Gracias a su trabajo podremos reducir el presupuesto en seis por ciento sin despedir personal".

Ofrezca reconocimiento inmediatamente después del aporte que está reconociendo. Cuando una persona tiene un desempeño positivo, reconózcalo de inmediato. Es posible que el miembro del equipo ya se sienta bien respecto de su desempeño. Su reconocimiento en tiempo aumentará esa sensación positiva. Esto fortalece la confianza de todos en los beneficios de tener buen desempeño en su organización.

Recuerde que el reconocimiento es situacional. La gente naturalmente tiene preferencias individuales al respecto de lo que la gratifica y cuál es la muestra más efectiva de reconocimiento. Una persona puede valorar el reconocimiento público en una reunión de personal; otra prefiere una nota privada en su archivo de personal. La mejor manera de saber qué es lo que gratifica más a un miembro del equipo es simplemente preguntarle.

Use todas las oportunidades disponibles para mostrar su reconocimiento. En muchas organizaciones se pone demasiado énfasis en el dinero como la forma preferida del reconocimiento. Si bien el salario, los premios y los beneficios son críticos dentro de su sistema de reconocimiento y premios para los miembros de los equipos, un jefe con clase debe tener mucha más imaginación.

Es de esperar que las ideas que analizamos en este capítulo lo hayan convencido de que el reconocimiento sirve al interés de todos, tanto el que da como el que recibe. En sentido literal, el reconocimiento es igual a prosperidad.

Pero en caso de que no esté convencido, daré un argumento final. Nada es menos atractivo y nada es más cómico que la gente que no sabe ser considerada. Nada se ve más ridículo que un ser humano miserable. Ebenezer Scrooge, en *Cuento de Navidad* de Charles Dickens, piensa que es importante porque tiene mucho dinero, pero, en realidad, es un individuo patético porque todo lo que tiene es dinero.

En los últimos años el mundo corporativo en los Estados Unidos se ha visto escandalizado por las revelaciones de avaricia y fraude financiero de los ejecutivos de grandes corporaciones. Estas personas se habían convencido de que eran los dueños del universo. Habían llegado a creer que las leyes de dar y recibir —y especialmente las leyes que rigen para el dinero— no les cabían. Estaban equivocados, porque en materia de consideración, uno cosecha lo que siembra.

Al comienzo de este capítulo nos referimos a la afirmación de Adam Smith de que el interés propio es la base de una sociedad que funciona bien. Esto es correcto, siempre que reconozcamos que la consideración y la generosidad son la base del interés propio en el mejor sentido. Nuestra sociedad de conjunto puede tener que recorrer un poco de camino en este sentido, pero como individuo puede activar esos principios de inmediato. Y es algo que decididamente debiera hacer.

Nuestro próximo tema será el coraje. El filósofo griego Aristóteles describió el coraje como la base para todas las demás virtudes. El coraje es decididamente uno de los elementos centrales de la clase. En el capítulo 15 veremos por qué.

CAPÍTULO QUINCE
Coraje, la contracara del temor

El coraje es una cualidad humana especial y algunos dirían que se está volviendo cada vez más rara. Los griegos antiguos creían que el coraje era la base de todas las demás virtudes, y hay muchas posibilidades de que estuvieran en lo cierto.

Considere esta situación: un joven y ambicioso ejecutivo de una compañía multinacional recibió un gran ascenso. Con una sola condición. Tenía que mudarse a El Cairo, en Egipto. Volvió a su casa, donde esperaban su esposa y su bebé y dijo: "Una gran noticia, nos mudamos a El Cairo". Su esposa quedó atónita. Dijo: "Te mudas solo. Yo me voy a casa de mamá".

Eso fue una prueba de coraje en esa familia. No había compromiso posible. Si renunciaba al ascenso, quedaría resentido con su esposa por arruinar su carrera; si ella simplemente aceptaba mudarse, lo odiaría por ignorar sus sueños para su bebé y para ella misma. ¿Qué hacer?

Luego de un poco de discusión, podrían sentirse tentados de creer que la madurez requería que negaran sus sentimientos y se sacrificaran el uno por el otro. Pero, en cambio, analizaron las cuestiones fundamentales: ¿es mi carrera o nuestra carrera? ¿Somos individuos u operamos como equipo? ¿Cuáles son nuestros valores? Ese matrimonio tenía que madurar el equivalente de cinco años en dos semanas. Terminaron yendo a El Cairo, pero su relación se había visto transformada. Ella entendió que la carrera de él era importante para ella. Él se volvió a comprometer con sus valores como parte de la familia. Lo que importa no es lo que decidieron finalmente, sino cómo llegaron a esa decisión. Dieron el paso valiente de redefinir, de adentro hacia afuera, quiénes eran realmente.

¿Cuál es la diferencia entre un buen general y un gran general? ¿Entre un padre promedio y un padre extraordinario? ¿Entre un niño asustado —algunos de ellos tienen cuarenta años— y un niño maduro? La diferencia es el coraje.

¿Qué es lo que hace a alguna gente quebrarse bajo presión —sea en la guerra o los negocios— mientras que otros parecen ir más allá de sus propios límites? El coraje o su ausencia. Finalmente, ¿por qué alguna gente se pone desafíos que le hacen cuestionar sus propios límites —incluso intentan lo imposible— mientras otros nunca se levantan del sofá? Debiera saber la respuesta a esta altura.

A menudo se entiende que el coraje tiene dos categorías: físico y moral. El coraje físico es la disposición a enfrentar riesgos serios para la vida o el cuerpo en vez de huir. El coraje moral es la firmeza del espíritu que enfrenta el peligro o la dificultad sin titubear ni retroceder. El general de la Guerra Civil de los Estados Unidos William T. Sherman entendía el coraje casi en términos matemáticos. Dijo: "El coraje es la conciencia de la medida real del peligro y la disposición mental a enfrentarlo". John Wayne lo dijo de modo más simple: "El coraje es estar muerto de miedo y subirse a la montura de todos modos".

El coraje ha sido la marca de la clase a lo largo de la historia, y eso no va a cambiar en el futuro previsible. Confrontada con las mismas opciones, alguna gente se pone de pie y acepta el desafío mientras que otros se retiran.

¿Y usted? ¿Se siente valiente? Si es así, escuche atentamente a lo que sigue. Y si no, escuche aún más atentamente.

Necesariamente, un análisis del coraje también debe ser un análisis del temor. El filósofo griego Aristóteles sostuvo esto hace más de dos mil años.

DE QUÉ SE TRATA REALMENTE

Mark Twain dijo: "El coraje es resistir y dominar el temor, no la ausencia de temor". La gente inolvidable aprende a dominar el temor a través de la experiencia y el tiempo. Pero muchos hombres y mujeres viven en el temor a lo largo de sus vidas. ¿Cuál es la diferencia entonces entre la gente que domina el temor y los que son dominados por él?

Para controlar primero y luego superar el temor, una persona inolvidable debe saber qué es el temor realmente. Lo que complica las cosas es que el temor existe en muchas formas diferentes. En términos biomecánicos, el temor es una colección de respuestas hormonales liberadas por el cerebro. Una vez que estas hormonas se dispersan por el cuerpo, comienzan a disparar mecanismos defensivos tales como elevar los niveles de adrenalina y cortisona, acelerando el ritmo cardíaco y la respiración. Esta es la respuesta conocida como de luchar o huir. Se supone que estos síntomas duran solo unos segundos o minutos, que bastan para que una persona reaccione frente al objeto de su temor.

¿Pero qué pasa cuando el objeto del temor no es real? ¿Qué pasa si es simplemente una situación creada por su imaginación? Para mucha gente, los niveles elevados de adrenalina y el ritmo de respiración acelerado permanecen en el organismo por períodos más prolongados, agregando más estrés y en consecuencia haciendo que el cuerpo experimente "desgaste" y agotamiento total.

Una vez que entiende lo que son sus temores como fenómenos biológicos, el siguiente paso es hacerse consciente de su presencia de un modo racional en vez de emocional. Puede hacer esto bajo la forma de un "experimento del pensamiento". Cuando comience a sentirse ansioso, tome distancia por un momento y dígase: "Está comenzando, me estoy asustando". Al reconocer y convivir con el temor, eventualmente aprenderá a dominarlo.

Tenga en cuenta que dominar el temor no significa destruirlo. Nadie puede destruir el temor por completo y tampoco es necesario. El temor será parte de usted le guste o no. Pero para ayudarlo a llegar a un entendimiento con esta parte de sí mismo, estos son algunos pasos prácticos que puede dar:

Levántese y salga. Mucha gente tiene ataques de pánico por la mañana temprano cuando está aún en la cama. Por lo que levántese y póngase en marcha. Vaya a buscar el diario, encienda el televisor y advierta que la vida continúa alrededor de usted. Vístase y vaya afuera. Vea que la vida y la acción están en derredor todo el tiempo. Así pone su vida interior en la perspectiva correcta.

Haga ejercicio. Muévase lo suficiente para hacer fluir su sangre. Haga ejercicios abdominales, lagartijas, levante pesas y lleve al perro a caminar unas cuadras. El ejercicio reemplaza las hormonas del temor en su organismo con neuroquímicos que promueven la fuerza y la energía por períodos más prolongados.

Escuche música. Encienda el iPod o simplemente silbe o cante. Es una gran manera de controlar su respiración y calmarse.

Viva en el presente. Ciertas palabras y frases pueden ayudarlo a tomar distancia de los pensamientos negativos. "Tranquilo"… "No hay problema"… "Estoy en control". Decir esto en voz alta lo forzará a concentrarse en la tarea que tiene por delante y desviar su mente de estar concentrada en cosas futuras que pueden no ocurrir jamás.

Piense en positivo. Recordar un éxito pasado, particularmente antes de una presentación o una reunión con su jefe, es una manera excelente de erradicar las mariposas del estómago. Se recuerda inmediatamente que ha logrado grandes cosas antes y no hay motivo para que no lo vuelva a hacer.

Comida y temor. Coma algo liviano y simple, tal como una tostada con un jugo de naranja. Es difícil tener miedo mientras se come y especialmente difícil temer cuando el azúcar y otros nutrientes de lo que está comiendo entran en su flujo sanguíneo.

Háblese. Recuerde algunos datos básicos sobre su vida y su actual situación, por ejemplo:

- *Cuando teme por cosas que no tiene o que podría perder —especialmente dinero, propiedades o un empleo— piense en lo que sí tiene, una familia maravillosa, un perro que lo quiere, amigos cercanos. Cuanto más larga la lista, tanto más se evaporará su temor.*
- *Siempre recuérdese que es el amo de su cuerpo y su mente. Nunca sea esclavo de sus temores, especialmente cuando afectan a otros, tales como los miembros de su familia o sus amigos.*
- *Descanse lo suficiente. Es casi imposible sentirse seguro cuando se está exhausto o temeroso.*

LA ELECCIÓN ES SUYA

Enfrentadas a un león o una tarjeta que se quedó sin crédito, dos personas pueden sentir temor. Pero el individuo valiente enfrenta el desafío, mientras que el otro no hace nada. El coraje importa más de lo que creemos. Sin coraje, todo se vuelve frágil. Winston Churchill dijo que el coraje es "la primera de las cualidades humanas, porque garantiza todas las demás". Eso es lo que queremos decir con el valor de nuestras convicciones. Si no tenemos coraje para sostener lo que creemos en el momento en que se lo pone a prueba, no solo cuando concuerda con lo que otros creen sino también cuando enfrenta una oposición amenazante, entonces nuestras creencias no significan nada.

El coraje no tiene que expresarse siempre en guerras, expediciones al ártico, o trepando montañas. En su carrera puede mostrar coraje luchando por una idea o un proyecto en el que cree, aunque otros no concuerden con usted. La cuestión es que el coraje es una energía que se manifiesta en nuestras vidas diarias ayudándonos a controlar nuestros temores. Aunque no se supere por completo el temor, no domina nuestras acciones. Seguimos sintiendo temor, pero cómo reaccionamos frente a ese temor puede demostrar clase al mundo.

De todas las infinitas variedades de temor, probablemente el más peligroso en el mundo moderno sea el temor a fracasar. La mayoría de la gente no enfrenta adversarios que amenacen su vida. Pero enfrentamos cuestiones que pueden arruinar nuestra vida financiera o nuestras carreras. A menudo ese tipo de temor se reduce a una cuestión simple: ¿cuál es la relación entre la posibilidad de éxito y la de fracaso? Todos los que alguna vez quisieron mucho algo en la vida han experimentado el temor que viene de la posibilidad de no lograrlo. Cuanto mayor el logro potencial tanto mayor el temor.

MIEDO AL FRACASO

Este es un temor común y es realmente terrible. El miedo al fracaso está estrechamente relacionado con el miedo a las críticas y al rechazo. La gente inolvidable domina este miedo al fracaso, pero otros se ven incapacitados por el mismo.

Pero, en el sentido más general, no existe el fracaso; solo hay retroalimentación. La gente exitosa ve los errores como resultados, no como fracasos. La gente no exitosa ve los errores como permanentes y personales. Buckminster Fuller escribió: "Lo que los humanos aprenden se aprende como consecuencia solo de experiencias de prueba y error. Los humanos solo aprenden de sus errores".

La mayoría de la gente se autolimita. No logra ni una fracción de lo que podría porque teme intentar, porque teme que fracasará.

Dé estos pasos para superar su temor al fracaso y avance hacia los resultados que quiere lograr:

Actúe. De modo audaz y decidido. Haga algo que lo asuste. El miedo al fracaso lo inmoviliza. Para superar este temor debe actuar. Cuando actúe, hágalo con audacia. La acción le da el poder de cambiar las circunstancias o la situación. Usted debe superar la inercia haciendo algo. El doctor Robert Schuller pregunta: "¿Qué haría si supiera que no puede fracasar?". ¿Qué podría lograr? Sea valiente y hágalo. Si no resulta como quiere, entonces haga otra cosa.

Persista. La gente inolvidable simplemente no se rinde. Sigue intentando distintas variantes para lograr sus resultados hasta que finalmente obtiene los resultados que quiere. La gente que no es exitosa prueba con una cosa que no funciona y se da por vencida. A menudo la gente abandona cuando está en el umbral del éxito.

No lo tome como algo personal. El fracaso tiene que ver con la conducta, las consecuencias y los resultados. El fracaso no es una característica de la personalidad. Aunque lo que haga puede no dar el resultado que quería, no significa que usted es un fracasado. Que cometa un error no significa que es un fracasado.

Haga las cosas de modo diferente. Si lo que está haciendo no funciona, haga otra cosa. Hay un viejo dicho: "Si siempre hace lo que siempre hizo, siempre conseguirá lo que siempre consigue". Si no obtiene los resultados deseados, entonces tiene que hacer algo diferente. La mayoría de la gente simplemente deja de hacer cosas, y esto garantiza que no tenga éxito.

No sea demasiado duro con usted mismo. Aunque más no sea, ya sabe lo que no funciona. La percepción de fracaso es un juicio de conducta. Vea el fracaso como un evento o un hecho, no una persona. Trate al fracaso como una oportunidad para aprender. ¿Qué aprendió de la experiencia que lo ayudará en el futuro? ¿Cómo puede usar la experiencia para mejorarse o mejorar su situación? Hágase estas preguntas:

- *¿Cuál fue el error?*
- *¿Por qué sucedió?*
- *¿Cómo se pudo prevenir?*
- *¿Cómo puedo hacer las cosas mejor la próxima vez?*

Busque oportunidades posibles que resulten de la experiencia. En *Think and Grow Rich (Piense y hágase rico)* Napoleon Hill escribió: "Todo adversario, todo

fracaso y todo dolor lleva en sí la semilla de un beneficio equivalente o mayor". Busque las oportunidades
y el beneficio.

Fallar aceleradamente. Tom Peters, co-autor de
In Search of Excellence (*En busca de la excelencia*), además
de otros libros de negocios extremadamente exitosos,
dice que en el mundo actual las compañías deben fallar
aceleradamente. Lo que quiere decir es que aprendemos
cometiendo errores. Por lo que si queremos aprender
más rápido, debemos equivocarnos más rápido. La clave
está en que debe aprender de los errores que comete
para no repetirlos.

Debe estar claro que el temor es el mayor impedimento para
cualquier logro. Por cierto que es un obstáculo inmenso para
volverse una persona inolvidable. Al confrontar el temor con
el coraje y la decisión, uno de los primeros pasos es simplemente reconocer el temor. Alguna gente nunca expresa su
coraje porque ni siquiera sabe que tiene miedo. Evitan los
desafíos por un margen tan grande que ni el miedo ni el coraje tienen la oportunidad de mostrarse. Para otros, simplemente leer la palabra *temor* podría provocar una reacción física. El temor puede registrarse a tal nivel físico que el mero
hecho es desagradable. Aumenta su ritmo cardíaco, se le hu-
medecen las manos y todos sus sentidos se ven exacerbados.
Pero en el mundo actual esto, por lo general, no se debe a
que alguien está por golpearlo con un hacha de guerra. Es
porque está por tener una reunión con su jefe. Está por
firmar una hipoteca. Está tratando de decidirse entre dos

tipos de automóviles, o dos planes de inversión. No teme por su vida. Teme cometer un error. Teme al fracaso. Y más a menudo simplemente teme quedar como un tonto.

Para ayudar con esto, recuerde que el temor en el mundo moderno es casi siempre una reacción a lo que sucede en su mente, porque, por lo general, no sucede en ninguna otra parte. Como dijimos, antes de que su cuerpo pueda experimentar temor, su mente tiene que decirle que tenga miedo de algo. Comprender que ese temor comienza en su mente es un paso crucial hacia reaccionar valientemente. Su cerebro puede reaccionar instintivamente con miedo, pero solo con entender esa reacción puede tener acceso al coraje.

Los pensamientos temerosos provocan síntomas físicos y acciones físicas. Los pensamientos temerosos causan el sudor en las palmas y los pensamientos temerosos también causan que se pierdan ventas y se cancelen proyectos.

En un tiempo los gladiadores pueden haber enfrentado sus temores fortaleciendo sus cuerpos. Hoy es cuestión de aprender a controlar nuestras mentes. Alguna gente es mucho mejor que otra para esto. ¿Conoce a alguien que siempre parece tranquilo y en control? ¿La clase de persona que no puede verse sacudida? ¿Que es un modelo coherente de coraje no importa lo que pase? ¿Puede ser que la gente así no tenga temor alguno?

La respuesta es: de ningún modo. Todos experimentan temor. Es simplemente que alguna gente lo maneja mejor que otra. La gente que logra algún nivel de éxito es capaz de dominar el temor lo suficiente como para hacer cosas. La gente con clase no deja que el temor le impida hacer que sucedan cosas. Así como un atleta aprende a jugar a pesar del dolor, cierto tipo de gente de negocios se sirve del temor para realizar un trabajo. ¿Cómo? Algunas ideas que puede probar usted mismo:

Primero, recuerde lo que dijimos acerca de que el temor está en la mente. En el mundo contemporáneo, el temor es casi siempre un fenómeno creado por la mente. Una persona con clase entiende esto. Una persona con clase intenta con valentía lo que los demás temen hacer porque sabe que el origen del temor está en nuestras mentes.

Segundo, recuerde que la forma más común de temor en su vida laboral es el miedo al fracaso. Aunque parezca que lo que teme es otra cosa, el miedo al fracaso está casi siempre presente en el lugar de trabajo. A nadie le gusta fracasar. Lastima el ego. No es fácil y no es agradable. Pero como hemos visto a lo largo de este libro, tener clase significa hacer lo que es difícil. El coraje es la energía que le permite hacerlo. El fracaso es una manera de decir que usted no hizo las cosas suficientemente bien… no para siempre, solo esta vez. Aún no pudo.

Si analiza su temor con suficiente profundidad, casi siempre encontrará que no hay nada allí. Pero el temor trata de asustarlo para que no analice las cosas a fondo. Como el Mago de Oz: "No preste atención al hombre detrás del telón". El temor lo asusta para que no lo intente. No intentarlo lo priva de adquirir experiencia. No adquirir experiencia significa que no avanza. Y si no avanza en cualquier emprendimiento, ¿cómo puede tener éxito? Por lo que mire al temor a los ojos y verá que realmente no puede causarle daño.

Esto es lo que la gente con clase ha aprendido a hacer. Mirar al temor a los ojos sin parpadear es el acto primario de coraje. En el siglo diecisiete el filósofo británico Francis Bacon dijo: "No hay nada terrible salvo el temor mismo". Trescientos años más tarde el presidente Franklin Roosevelt usó casi las mismas palabras en las horas más negras de la Gran Depresión.

Por lo que si siente que lo domina el temor antes de una gran presentación o entrevista, recurra a pensamientos valientes. Recuérdese que ha estado en situaciones más difíciles antes… y sigue aquí. Probablemente los desafíos que enfrentó lo hicieron más fuerte. En un año, o quizás una semana, o quizás incluso mañana, se sentirá del mismo modo respecto de lo que está sucediendo hoy.

La gente a menudo habla de dominar sus temores, pero una estrategia mucho más efectiva es enamorarse de ellos. Enamorarse de los temores significa reconocer sus síntomas y tomar conciencia de su presencia y concentrarse conscientemente en ellos. Convierta su temor en un experimento. Cuando comience a sentirse nervioso y ansioso, dígase: "Está comenzando, me estoy asustando". Al reconocer el temor y convivir con el, eventualmente descubrirá como dominarlo.

Dominar el temor en este sentido no significa destruirlo. Cuando domina algo, lo controla y se convierta en su amo. Nadie puede destruir el temor por completo jamás, ¿y por qué debería hacerlo? Es parte de la naturaleza humana, nos guste o no.

Estoy seguro de que a esta altura está claro que el temor es una precondición del coraje, no su opuesto. Si buscáramos el verdadero opuesto del coraje, hay una palabra directa:

desánimo. Al igual que el temor, comienza en la mente y afecta directamente lo que hacemos… o no hacemos.

En los negocios, cualquier emprendimiento, por lo general, está compuesto de muchos pasos que se unen y de última llevan a la meta. Construir una compañía, por ejemplo, es un emprendimiento incremental. Por el camino seguramente se sentirá desanimado. Quizás las ventas no aumentan todo lo que usted quisiera; contrató empleados ineficaces; uno de sus productos tenía un defecto y tuvo que retirarlo del mercado… la lista es interminable. En todo momento debe recordar que el desánimo es parte del juego. Se sentirá desanimado por momentos, que es cuando debe mostrar el mayor coraje.

Suponga que es un vendedor que tiene un mal mes. Parece que no va a alcanzar su meta y su jefe le va a pegar un reto. Comienza a sentirse decaído y se vuelve menos productivo. Se imagina que está liquidado. Aquí comienza el proceso: tiene que advertir que el desánimo está hundiendo sus garras en su mente. Reconozca que comienza a sentirse desanimado.

Ahora tiene que recordarse —grábeselo en la cabeza— que el desánimo no lo lleva a ninguna parte. Solo servirá para hundirlo aún más. Por lo que apresúrese a sacárselo de encima. No deje que lo domine o está acabado. Cuanto más rápido pueda deshacerse del mismo y avanzar hacia sus metas, tanto mejor. ¿Pero cómo se hace? Buena pregunta. La respuesta es dándose aliento.

Esto no significa traer las porristas de los Dallas Cowboys. El aliento puede y debe venir de su interior. Durante su vida sin duda ha logrado grandes cosas. Quizás obtuvo un premio en las Olimpíadas de su escuela primaria u obtuvo la mejor calificación en una materia que le gustaba. Más recientemente quizás fue el que obtuvo más ventas en su compañía por un tiempo. Entre otras cosas, estos logros requirieron coraje. Lo más importante es que son sus logros y nada le impide avanzar a cosas aún mayores. ¿Si entonces pudo enfrentar el desafío y ganar, por qué no hacer lo mismo hoy?

Dígase que es capaz de lograr grandes cosas. Dígase que es inteligente. Dígase que alcanzará sus metas porque está dispuesto a hacer el esfuerzo necesario. Por sobre todo, dígase que es una persona con clase e inolvidable, en el pasado, en el presente y en el futuro.

Al igual que muchas otras emociones, tanto el coraje como el temor crean hábito. ¿Ha estado alguna vez atascado en el temor? Esto es particularmente peligroso porque ni siquiera ve el temor que está oculto. Cree estar cómodo, pero su verdadera comodidad, el estado mental en el que quiere estar realmente, en realidad, es muy diferente.

Incluso la frase "sentirse cómodo" tiene una cualidad agradable que lo adormece, ¿verdad? Lo hace pensar en estar sentado sobre un gran almohadón cómodo junto a una chimenea cálida en una noche fría de invierno. Un estado relajado y sereno sin duda. Pero cuidado; tomarse un descanso de vez en cuando es distinto de estar atascado y adormecido, con el temor que es su base real.

Ese "sentirse cómodo" incluye todas las cosas familiares y cotidianas a las que está acostumbrado. Piense en ello como un círculo en el que se siente cómodo haciendo cualquier cosa. Aquí no hay sorpresas. Si su jefe aparece por la mañana y le pide que presente el informe ABC, como lo hace todas las mañanas, lo va a hacer sin pensar. Conoce la rutina. Por cierto que no hay nada peligroso aquí, salvo la perspectiva no expresada de tener que abandonar esa sensación de comodidad. Y eso lo asusta tanto que ni siquiera aparece en su conciencia.

¿Qué pasa si su jefe aparece una mañana y le dice que rediseñe un informe desde cero? Suponga que tiene que usar un programa de computadora que nunca vio. Suponga que tiene que tenerlo para el mediodía. ¿Cómo se sentiría entonces? La respuesta es, por supuesto, que se sentiría incómodo. Y quizás asustado, lo que, en realidad, es bueno, porque lo acerca más a la verdad.

Ahora, la mayoría de la gente, cuando se enfrenta a un desafío que está por fuera del terreno en el que se siente cómoda se pone nerviosa y entra en pánico: "No puedo hacer esto, no lo tendré a tiempo, no necesito este estrés, por qué yo, por qué no esa otra persona en el cubículo de al lado".

Pero una persona con clase enfrenta los desafíos. Aprendemos haciendo. Los niños no aprenden a caminar observando a los demás, tratan de pararse y se caen cientos de veces antes de aprender cómo poner un pie delante de otro en perfecto equilibrio. Hacer cosas que son incómodas y nuevas de última expande el territorio en el que se siente cómodo. Le permite enfrentar nuevas tareas valientemente, no sin temor, pero con el temor bajo control.

Si hace lo que cree que no puede hacer, sentirá que crecen su resiliencia, su esperanza, su dignidad y su coraje. Algún día enfrentará alternativas aún más difíciles que pueden requerir incluso más coraje. Cando llegan esos momentos y si usted escoge bien, su coraje es reconocido por la gente que más le importa. Cuando otros ven que usted opta por valorar el coraje más que el temor, verán lo que significa ser valiente y solo temerán su ausencia.

De modo que lo que se necesita es acción. Pero la acción no surge de la nada. Suponga que quiere comenzar a ejercitarse y lograr buen estado físico. Para hacerlo tendrá que comenzar a comer adecuadamente, ir al gimnasio regularmente, entrenarse con intensidad, dormir bien y en general dedicarse una cantidad de horas por semana. ¿Suena como un gran esfuerzo? Un secreto: la parte más difícil es comenzar. ¿Cuál es la diferencia entre un comienzo exitoso y uno fallido? El coraje. Tendrá que armarse de coraje al punto de que con su voluntad logre lo que quiere.

El coraje es esencial para mantenerse fuera de la trampa del territorio en el que se siente cómodo. Aunque esté logrando grandes avances en el gimnasio, le exigirá coraje evitar el alcohol, el chocolate, o todo lo demás que puede hacerlo retroceder.

La confianza y el optimismo también son esenciales. El coraje significa mantener el optimismo en los momentos más difíciles, incluso cuando la cosa se ve bastante oscura. Piense en Nelson Mandela. Veintisiete años en prisión. Tengo que imaginar que se sintió un poco desanimado, pero por todo lo que se sabe nunca vaciló en cuanto a su confianza en que Sudáfrica sería un día una democracia multirracial. Estoy seguro de que unas cuantas personas del Congreso Nacional Africano que estaban presas con él dijeron: "Nelson, estás cometiendo un error sin esperanzas. Esto es ridículo. Tu optimismo está desubicado aquí". En sus momentos de mayor introspección estoy seguro de que Mandela tuvo dudas. Pero siempre que pueda recuperar su optimismo, podrá recuperar el coraje para superar cualquier adversidad.

Por sobre todo, tenga el coraje de enfrentar esto: En todas las áreas de la vida hay resultados y hay excusas. Los resultados no son solo lo que permite tener éxito, son lo que permite hacer avanzar la sociedad.

Las excusas por el otro lado lo mantienen dentro de su zona de comodidad, y tampoco ayudan a nadie a salir de la misma. Las excusas invariablemente comienzan con la palabra "pero", que es por lo que esa es la palabra más peligrosa del idioma. El "pero" nos permite mantenernos dentro de nuestra zona de comodidad. Es el telón detrás del cual se oculta el temor. Tenga el coraje de descorrer ese telón de una vez por todas.

CAPÍTULO DIECISÉIS
Dinero y clase

La relación misteriosa entre estas dos palabras es la primera razón por la que puede escribirse un libro como este. Si tener clase fuera simplemente cuestión de hacerse rico, no tendría sentido escribir (o leer) algo sobre el tema que no se refiera a inversiones. Si hacerse rico fuera el secreto para hacerse inolvidable, la mejor manera de aprovechar su tiempo sería inscribirse en una universidad dedicada a cuestiones de negocios.

La verdad es que el dinero puede ser tanto un obstáculo para tener clase como puede ser una vía de entrada. Esa es la naturaleza del dinero, que es "líquido". Adopta la forma del medio en el que existe. Como persona inolvidable, debe tener expectativas que vayan más allá de adquirir un automóvil nuevo o una casa de lujo. Eso es bueno, ¿pero es todo lo que hay? Bueno, no, hay mucho más en relación con el dinero y vamos a explorar parte de ello en este capítulo.

Alguna gente cree que el dinero es todo, mientras que otros insisten en que el dinero es nada, y ambos tienen razón. El dinero es todo en el sentido de que las divisas pueden transformarse en prácticamente cualquier otra cosa simplemente haciendo una compra. Puede convertirse en pan, una Ferrari o una cirugía que salve una vida. Pero el dinero también es nada. Es solo papel. El dinero no tiene valor intrínseco; es solo valioso como símbolo de lo que puede comprar.

Los metales preciosos fueron la base del valor del dinero durante miles de años y es improbable que este cimiento pueda verse desacreditado de pronto. Pero no hay una razón lógica por la que eso no pueda suceder. Mientras tanto, el valor del papel moneda está cambiando constantemente. Específicamente, está en caída. El valor de un dólar es ahora menos del cinco por ciento de lo que era cuando se creó el Sistema de la Reserva Federal en 1913.

La naturaleza confusa del dinero lleva directamente a nuestros sentimientos confusos respecto del mismo. Debemos ser racionales respecto de nuestro dinero y la ciencia de la economía parece lógica. Pero se basa en algunos supuestos totalmente irracionales. El valor del dinero, por ejemplo, tradicionalmente se basó en el valor subyacente del oro o la plata. ¿Pero por qué son valiosos el oro y la plata? No hay un motivo lógico. El cimiento de todo el sistema es un acuerdo no explícito, arbitrario, de que ciertas cosas son valiosas y otras no. El dinero tiene un cimiento psicológico o incluso espiritual que es aún más básico que su relación con la razón y la lógica.

Interesante, ¿verdad? Pero pongámonos serios. Explorar la historia del dinero no va a pagar su cuenta de la tarjeta de crédito o la universidad para sus hijos. Y por cierto no va a resguardar su cuenta bancaria en caso de cambios negativos severos en la economía, que es exactamente lo que este libro le ayudará a hacer.

Las cuestiones de dinero están siempre en flujo. Un ciclo interminable de subidas y bajadas se da en todas las áreas, desde el precio del oro hasta el precio de la leche. A veces los cambios en el ciclo son repentinos y dramáticos. Se dan boom seguidos inevitablemente por derrumbes. Pero dado que los derrumbes pueden ser aún más dañinos de lo que son beneficiosos los boom, es vitalmente importante evitar que sus finanzas personales se derrumben incluso en las bajas de la economía en general.

> **Proteja su empleo.** Asegurar su futuro financiero comienza por proteger su actual empleo y proteger su actual empleo empieza por *querer* protegerlo. No todos tienen la suerte de tener un trabajo que les encanta. No todos tienen un trabajo que siquiera puedan disfrutar. Pero si no soporta su trabajo, si llegar cada mañana le cuesta un esfuerzo enorme, no va a ser efectivo en cuanto a protegerlo porque —lo reconozca o no— no *quiere* realmente protegerlo. En realidad, no quiere estar allí.

Recuerde que probablemente no vaya a tener este trabajo para siempre. Pero asegúrese de tenerlo mientras lo quiere. Hágalo lo más disfrutable posible.

Pregúntese, ¿estoy aquí solo porque temo no tener otro lugar dónde ir? Si ese es el caso, encuentre otro lugar. Descubra dónde quiere estar realmente y vaya allí.

Pero si realmente tiene un motivo para hacer su trabajo además de cobrar un cheque, entonces es importante proteger ese trabajo lo mejor que pueda. Y no es tan difícil. Una vez más, es importante una actitud positiva, porque mucha gente simplemente no va a tener eso. Por lo que puede destacarse simplemente poniendo una sonrisa en su rostro. O al menos no tener una mueca de disgusto.

La mayoría de las compañías tienen abundante negatividad, quejas y chismes. Siempre fue así y eso es especialmente cierto en períodos de contracción económica. De modo que vaya en una dirección diferente. Céntrese en lo positivo. Tome la decisión consciente de evitar la gente negativa. Puede haber mucha, pero encuentre las excepciones. Si no la hay, sea la excepción usted mismo. Puede estar en total control de esa posibilidad, así que aproveche ese control.

Pero hay muchas cosas que no puede controlar. En un medio corporativo no puede determinar el estado de ánimo y los caprichos de su supervisor o jefe. Las decisiones que toma el directorio probablemente estén fuera de sus manos. Nuevamente, usted es lo que puede controlar: su trabajo, sus palabras, sus acciones, sus actitudes.

El primer paso es determinar qué aspectos de su trabajo puede controlar y qué está más allá de su influencia. La conducta de su superior, la dirección en la que va su compañía, las normas y reglamentos que impone su compañía, estas son todas cosas en las que usted no tiene absolutamente ninguna incidencia. Lo que puede controlar es usted: su conducta, sus acciones, sus actitudes y —lo más importante— su reacción a las cosas con las que tiene que convivir.

Una vez que decide quedarse en su trabajo porque así lo quiere, estos son algunas cuestiones específicas que debe tener presentes.

Conozca su compañía. ¿Qué sabe realmente acerca del lugar en el que trabaja? Su respuesta debe abarcar mucho más que el producto o el servicio y las ganancias o pérdidas de la compañía. ¿Puede responder las siguientes preguntas acerca de su lugar de empleo? Si no, haga algo para cambiar esa situación lo antes posible.

- *¿Qué dice la declaración de misión de su compañía? ¿Si no existe, qué tipo de declaración podría inventar?*
- *¿Qué obstáculos enfrenta al tratar de hacer su trabajo lo mejor posible?*
- *¿Qué soporte motivacional le proveyó la compañía? Si no hay soporte, ¿cómo puede motivarse?*
- *¿Se siente empoderado para tomar decisiones y ser creativo? ¿Cómo hace la compañía para darle (o no darle) esa sensación?*
- *¿Hay cambios recientes en la compañía que pueden haber afectado su motivación?*
- *¿Sus metas en cuanto a su carrera y las metas de su compañía están bien alineadas?*
- *¿Cómo se sienten otros empelados respecto de la compañía?*
- *¿Las imágenes interna y externa de la compañía son coherentes entre sí? ¿Y qué hay de sus imágenes interna y externa?*

Tenga confianza en sí mismo. Piense de modo proactivo acerca de cómo puede hacer el mayor aporte a su compañía y luego ponga ese pensamiento en práctica. No tema cometer errores razonables y bien intencionados. Un empleado que no hace nada más que "jugar a la defensa" no puede ganar puntos. Puede dar miedo ver despidos y recortes en su medio laboral, pero no le sucederá a usted si se hace indispensable.

Concéntrese en el "cliente" y "el jefe". Piense en su jefe como su cliente y en su cliente como su jefe, porque eso es lo que son realmente. Su primera responsabilidad es atender a las necesidades de su "cliente". Esto no significa arrastrarse ante su jefe. Solo reconozca que un resultado positivo para su supervisor significa un resultado positivo para usted. A la mayoría de los jefes no les gusta la gente que dice que sí a todo. A los jefes *sí* les gusta que se atienda a sus necesidades legítimas. Los empleados que cumplen con esas necesidades son premiados. Es así de simple.

Busque conectarse. La palabra *redes* ha sido demasiado utilizada, pero es importante formar relaciones positivas con tanta gente como sea posible en su medio laboral. Además de sus colegas más cercanos, eso significa relacionarse con gente de distintos departamentos y a todos los niveles de responsabilidad. Nunca se sabe quién va a ser promovido y estar en condiciones de ayudar a su carrera. Asegúrese de que esa persona no sea un extraño.

Toque su propia corneta. Sin ser pesado, asegúrese de que su jefe sepa de sus logros y aportes a la compañía. Hay una sutil diferencia entre ser obsecuente con un jefe y simplemente informarle de sus aportes, de modo que tiene que aprender a manejar esa diferencia. Es buena idea dejar un rastro de correos electrónicos de sus logros. Alguna gente tratará de recibir el crédito por lo que ha hecho. La mejor manera de evitar eso es con evidencias sólidas de lo que hizo y lo que no hizo.

Proteger su trabajo requiere atención, pero no es tan difícil como podría creer. Solo asegúrese de estar convencido de que tiene un trabajo que vale la pena proteger.

REDUCIR SUS DEUDAS

La deuda es un problema extremadamente serio para un número creciente de estadounidenses. Veamos algunos de los datos y cifras. La familia estadounidense promedio tiene deudas de sus tarjetas de crédito por US$ 12.000 y tiene nueve tarjetas. Usted tardará doce años en pagar una tarjeta de crédito típica con una deuda de US$ 2000 y una tasa de interés del 19 por ciento si hace los pagos mínimos mensuales admitidos y terminará costándole US$ 4000 en total.

La gente endeudada se enfrenta a una pesadilla de costos siempre crecientes tales como un balance crediticio elevado y tasas de interés injustas, y les resulta cada vez más difícil ahorrar. Además la deuda puede tener un terrible costo físico y emocional.

La reducción de la deuda puede ser una de las acciones más positivas, gratificantes y que más cambien su vida. La reducción de su deuda puede mejorar su salud, lo que lleva a menos estrés, una baja de su presión sanguínea y menos dolores de cabeza. Una carga menor de deuda también puede ayudar a mantener o recuperar su calificación crediticia, en caso de que alguna vez tenga necesidad absoluta de pedir un crédito. Tener menos deudas también puede darle más libertad, que puede usar para reducir sus horas de trabajo, hacer un curso o incluso cambiar de carrera.

Al igual que cientos de miles de personas en este país, puede sentirse desesperadamente enterrado bajo una montaña de deuda. Pero reducirla es muy posible cuando se encara de modo sistemático. Siga las orientaciones que vienen a continuación para comenzar.

Primero, enfrente los hechos. No es inusual que gente endeudada no tenga conciencia de la realidad de su situación financiera. Vive en una especie de negación que puede complicar sus vidas a menos que haga algo al respecto. El primer paso es tomar conciencia del problema. Hay que mirarlo de frente.

Esto es como hacerlo, paso a paso.

Haga una lista de todas las compañías a las que debe dinero (tarjetas de crédito, préstamo automotriz, tarjetas de crédito de tiendas, deuda por estudios, etc.). Sume su deuda crediticia y el costo de los pagos mensuales. Ahora vea la cifra total. El monto puede sorprenderle. Incluso puede sentirse horrorizado. Pero al menos tomó conciencia y es el primer paso hacia la libertad financiera y la tranquilidad.

Deshágase de las tarjetas de crédito que no le resultan esenciales. Cuantas menos tarjetas tenga, menos tentación tendrá de gastar. Corte las tarjetas en pedazos, luego llame a las compañías emisoras de las tarjetas e infórmeles de modo que no haya posibilidad de fraude. No obtenga nuevas tarjetas.

Quédese con una tarjeta. Esta tarjeta es para situaciones de emergencia o viajes, y debiera ser la tarjeta con la mejor tasa y la menor tarifa anual. Cuando elija qué tarjeta guardar, no preste atención a la oferta introductoria, ya que esta no dura lo suficiente como para que importe. Lea la letra chica de la cuenta mensual para determinar cuál tarjeta es realmente la menos costosa. Priorice sus pagos. Las deudas de alto interés y aseguradas deben ser las que primero se paguen. Esto incluye la hipoteca y los pagos del auto. Supere el pago mínimo mensual de todas las deudas siempre que le resulte posible. Al hacerlo puede reducir la deuda más rápido y ahorrar dinero, evitando la acumulación de intereses.

Consolide sus deudas en la mayor medida posible. Transfiera todos sus balances de tarjeta de crédito a la tarjeta con el menor interés. Hacer esto puede parecer tedioso, pero si puede reducir las tasas de interés aunque sea mínimamente, eso puede ahorrarle una cantidad sorprendente de dinero.

Al comenzar a tener efecto sus esfuerzos por reducir su deuda, use el dinero que ha ahorrado para reducir aún más sus obligaciones. La meta última es estar completamente libre de deuda. Es una misión de alta prioridad siendo usted a la vez la causa y el beneficiario. Tiene que estar dispuesto a cualquier esfuerzo para obtener suficiente dinero para librarse de su deuda lo más rápido posible. Y de modo permanente.

"SEPÁRESE DE LA MESA"

Cuando la economía está muy bien, es fácil creer que esta situación continuará para siempre. Una vez que cambia la situación, también es tentador creer que nunca se recuperará. Nadie sabe lo que traerá el futuro financiero, y en un cierto sentido no importa. La cuestión real es: no importa lo que suceda, ¿tendrá la fuerza y la información necesaria para enfrentar la situación de la mejor manera posible?

La gente responde de muchas maneras diferentes a los desafíos financieros. Muchas personas entran en un tipo de negación, negándose a aceptar que tienen que adaptarse o, más específicamente, que tienen que reducir sus gastos.

El arte de sobrevivir a los tiempos difíciles está en separarse de la mesa sin matarse de hambre. Querrá tener una evaluación realista de su situación sin caer en una mentalidad de escasez y privaciones.

Empiece por examinar su relación con el dinero. ¿Qué espera que le traiga el dinero? ¿Qué teme perder si el dinero no es tan abundante como en el pasado? Entonces sea más específico. ¿En qué medida es consciente de los costos no negociables de mantener su estilo de vida? ¿Las cuentas de los servicios? ¿Los pagos del auto? ¿El alquiler o la hipoteca? Mucha gente tiene una visión sorprendentemente vaga de lo que son realmente sus responsabilidades financieras. Pero en tiempos económicos difíciles nadie, ni siquiera los ricos, pueden darse el lujo de tener ideas vagas sobre sus finanzas. Las cosas cambian demasiado rápido para eso y al menos en el corto plazo, probablemente no cambien para mejor.

Una vez que tiene una visión clara de lo que es su "carozo", puede pasar de las responsabilidades financieras que no puede cambiar a aquellas que puede controlar. Dicho simplemente, son las áreas en las que puede hacer recortes, y no será ni de lejos tan doloroso como podría creer. Es muy posible que se sienta más liberado que constreñido. A menudo empezamos por ver algo como un lujo y al poco tiempo parece una necesidad. Pero eso es solo porque caímos en la trampa de confundir lujos con cosas a las que tenemos derecho.

Esta nueva conciencia es más que un paso hacia ahorrar dinero. Es otra oportunidad para tomar control, lo que lo ayudará a combatir cualquier sensación de impotencia y victimización que pueda provocar una caída económica. Junto con una mirada franca y realista a sus gastos, también necesitará la decisión y la voluntad para cambiar. Las condiciones del mercado inmobiliario, la bolsa y otras inversiones pueden traer complicaciones, así que prepárese para enfrentarlas en vez de ocultarse de ellas. Los principales requisitos son el sentido común, la conciencia y la decisión de actuar positivamente.

Para atravesar una caída económica con la menor incomodidad posible, una familia típica decididamente necesitará reducir el gasto y a veces de modo dramático. Lo primero que hay que ver son los ítems de alto costo que no son realmente cuestión de vida o muerte. Vacaciones caras, autos nuevos, eventos deportivos, estas son cosas discrecionales, no necesarias. Es mucho más fácil eliminarlas que los medicamentos o la cuenta de la calefacción.

Estas son unas cuantas maneras de reducir sus gastos. Hay muchas más. Haga una tormenta de ideas con sus amigos y los miembros de su familia y se le ocurrirán muchas más ideas.

Servicios de internet, cable y teléfono. Si se toma el tiempo de examinar cuidadosamente las cuentas de estos servicios, descubrirá que probablemente está pagando por más servicios de los que usa. Deje de pagar lo que no usa.

El servicio de internet de alta velocidad se ha vuelto una necesidad en el mundo actual. Es un servicio esencial como la electricidad o el gas. Pero hay variaciones significativas de precio de un proveedor a otro y puede no necesitar todo lo que algunas compañías tratan de vender. Si puede entrar en la red y acceder a su correo electrónico probablemente tenga todo lo que necesita.

Si tiene problemas con su servicio alguna vez —y la mayoría de la gente los tiene tarde o temprano—, no vacile en llamar la atención de su proveedor. A menudo lo descuentan de su pago mensual, especialmente si creen que está lo suficientemente enojado como para discontinuar el servicio.

Si usa su celular mucho, probablemente tenga sentido cancelar su cuenta de línea fija. Tenga en cuenta además que el servicio de telefonía de Skype por Internet es prácticamente gratuito para llamadas locales y solo cuesta unos US$ 10 al mes para servicios mundiales.

Alimentos. Durante años los consumidores han preferido comprar productos con publicidad nacional por encima de las marcas de las tiendas. Eso puede haber sido una decisión acertada en un tiempo, pero ya no más. Los productos con marca de las tiendas tienen la misma calidad que los productos de marca nacional —de hecho pueden provenir del mismo origen mayorista— y comúnmente cuestan entre 20 y 50 por ciento menos. Busque carne, pollo y pescado de oferta. El ahorro es significativo, especialmente cuando compra al por mayor y usa su freezer.

Nafta. No hay motivo para usar otra nafta que no sea la común, a menos que tenga una Ferrari y si tiene una Ferrari este podría ser un buen momento para venderla.

Remedios. Siempre verifique con su médico o farmacéutico para ver si la medicación que le están recetando puede comprarse en su versión genérica. No hay virtualmente diferencia alguna entre el producto de marca y el genérico y la diferencia de precio puede ser significativa.

Calefacción hogareña. Si baja el termostato un grado ocho horas al día ahorrará 5 por ciento en su cuenta de calefacción en invierno.

Suscripciones. Si está cómodo leyendo en su computadora, piense en cancelar sus suscripciones de diarios y revistas y lea online. Quizás ni siquiera tenga otra alternativa. Muchas publicaciones están discontinuando sus ediciones impresas y solo ofrecen sus versiones electrónicas.

Los estudios muestran que el 60 por ciento de todos los estadounidenses están preocupados por la posibilidad de quedarse sin dinero. En vez de preocuparse haga algo al respecto. Actúe. En vez de darse los gustos, ahorre, reduzca los gastos, conserve. No importa cuánto ahorre, sus esfuerzos por sí solos le permitirán deshacerse de los sentimientos de impotencia y victimización que una caída económica causa a menudo.

MANTÉNGASE CALMO,
MANTÉNGASE POSITIVO

En los periodos de problemas financieros, la gente comúnmente se siente abrumada o incluso entra en pánico. Es una
reacción comprensible, pero desgraciadamente solo puede
empeorar las cosas. Hasta que la situación externa mejore,
la manera más efectiva y mejor de soportar la tormenta es
mantenerse en calma y con actitud positiva. Y si está pensando "es más fácil decirlo que hacerlo", entonces veamos
cómo hacerlo.

Al pensar en la manera más efectiva de mantener la
calma, es útil pensar en términos de la vida interior y exterior. Lo primero tiene que ver con lo que pasa en su cabeza,
sus pensamientos, sus emociones y actitudes. La vida exterior tiene que ver con lo que hace: sus acciones, reacciones
y otras conductas.

LA VIDA INTERIOR

Empiece a tratarse bien. Nadie es perfecto. Deje de exigir la
perfección de usted y de todos los que conoce. Que dé lo
mejor de sí cualquier día basta. Si baja sus expectativas y trata de aceptar o incluso celebrar la imperfección, sentirá tanta
menos tensión y le irá mucho mejor en su vida y su trabajo.

Deje la lupa. Hacer montañas de hormigueros solo le
va a dar un dolor de cabeza gigante. Trate de ver las cosas en
la perspectiva adecuada. Cuando enfrente una situación difícil o un dilema, pregúntese: "¿Qué importancia tiene esto

realmente?". Cuanto más grande lo vea, más difícil le resultará de manejar.

La dilación mata. Todos tendemos a dejar las cosas para último momento. Esto vale especialmente para gente con vidas ocupadas y activas. Pero la cantidad de estrés y tensión que causa la dilación es enorme. Manejar su tiempo, aprender a hacer su trabajo de modo incremental, hace una gran diferencia.

LA VIDA EXTERIOR

Respire hondo. La mayoría de la gente no respira adecuadamente. Respira superficialmente o incluso contiene el aliento de modo inconsciente por breves períodos de tiempo. Al hacerlo se están negando la relajación y la salud. Preste atención a como respira. Unas cuantas veces al día deje lo que está haciendo y respire profundo. Llene sus pulmones y retenga el aire por un momento. Ahora exhale a través de la nariz. El efecto es calmante y debiera permitirle trabajar de modo más efectivo.

Juegue bien con los demás. Para mucha gente la parte más enervante de la existencia diaria es interactuar con otros seres humanos. Se recomienda fuertemente la práctica de "vivir y dejar vivir". La comprensión de que al corto plazo hay poco —o quizás absolutamente nada— que pueda hacer para cambiar a la gente es una clave de la coexistencia pacífica. Lo más que puede hacer es aceptar a sus congéneres y comunicarse lo más claramente posible con ellos, recordando siempre que nadie puede leer mentes.

Sáquese la tensión con ejercicio. Es asombroso en qué medida el ejercicio físico puede contribuir a sentirse calmo. Probablemente haya oído hablar de las endorfinas, los elementos químicos que se liberan en el cerebro durante el ejercicio que promueven sensaciones de bienestar. Las endorfinas son reales, como lo es la autoestima que deriva de cuidarse. No tiene por qué ser una sesión de ejercicios de dos horas ni una maratón de handball. Una simple vuelta a la manzana al trote puede liberarlo de tensión e ira indeseada.

Duerma bien. Otro recurso básico para la calma es dormir de modo que lo descanse. Esto parece obvio, pero la importancia del sueño a menudo es ignorada por gente bajo estrés. Pero nada asegura poder pensar claramente y contar con energía como dormir bien de noche. Y nada es peor para la salud o la efectividad en el trabajo que dormir mal. No debe consumirse alcohol ni cafeína poco antes de ir a la cama. Leer un libro reconfortante o darse un baño caliente ayuda a garantizar dormir bien. Además, tener el hábito de dormir bien de noche, por lo general, elimina la necesidad de siestas durante el día y ese tiempo puede dedicarse al trabajo.

Tal como sucede con mantener la calma, el segmento referido a mantenerse positivo se divide en vida interior y vida exterior.

VIDA INTERIOR

Verifique sus percepciones. Muchas ideas negativas se basan en una percepción incorrecta de la situación. La gente tiende a creer que se da la peor alternativa. Por eso es importante examinar clara y racionalmente los datos de su situación. A menudo si elimina la emoción de la perspectiva, el cuadro se ve decididamente más realista y optimista.

El peor escenario posible. También puede usar el peor escenario a su favor. Permítase imaginar el que sería el peor escenario posible para cualquier situación de la que se trate. Analícelo de verdad. Enfrente su temor. Sienta cómo se sentiría. Una vez que vuelve a la realidad tiene la sensación de haber enfrentado lo peor y haber sobrevivido. Esta experiencia hará más fácil enfrentar lo que termine sucediendo.

Hágase una imagen positiva de las cosas. Así como usó su imaginación para conjurar imágenes del peor escenario posible, puede hacer lo mismo para lograr lo opuesto. Piense en una situación que se aproxima. Imagine cómo serían las cosas idealmente. Véase en esa visión. Vea como todo funciona perfectamente. Agregue todos los detalles que pueda a la imagen. Hágala lo más real posible. Haga esto cuando quiera. Un momento particularmente adecuado es justo antes de irse a la cama.

VIDA EXTERIOR

Preste atención a lo que dice. Su mente escucha y cree en los mensajes que le envía. Lo que diga o piense, no importa lo ridículo o irreal que sea, puede ser tomado como la verdad por su subconsciente. Por tanto es buena idea prestar atención a sus pensamientos y palabras, y cuando tome conciencia de mensajes negativos, cámbielos por mensajes positivos.

Esto requiere práctica, pero realmente puede editar su pensamiento, lo que a su vez impacta en toda su vida.

No ignore sus sentimientos. Cuando tiene sentimientos negativos y los deja de lado o los ignora, siguen vivos en su interior, supurando y agigantándose. Estos sentimientos siguen teniendo peso emocional, y tiene que cargar con ellos como si fueran equipaje. La mejor manera de procesarlos o eliminarlos es encontrar alguien con quien hablar de ellos, alguien en quien confíe, un amigo, un colega, o un pariente. Incluso un terapeuta. Descárguese. Retener sentimientos negativos no le hace bien. Y por cierto que no le hará ganar dinero.

INVIERTA EN USTED MISMO

Si hay algo en lo que acuerda la gente de negocios rica y exitosa, es que el aprendizaje no termina en la universidad. Saben que llegaron a donde están gracias a su continua dedicación a mejorar y profundizar su conocimiento.

Aprender es siempre clave para el avance de una carrera, pero especialmente en tiempos de contracción económica. Las compañías se achican, se pierden puestos de trabajo y los empleadores analizan más cuidadosamente sus empleados para ver si ameritan seguir en la nómina.

Es un tiempo de riesgo, de dura competencia, cuando su valor para la compañía tiene que ser el mayor posible. La mejor manera de eliminar el riesgo e incrementar su valor es invertir en usted mismo. Esto significa adquirir nuevas capacidades, desarrollar mejores contactos y expandir su conocimiento. Para lograr esto, debe ser proactivo. No espere a que las oportunidades le lleguen. Tiene que encontrar las oportunidades.

COMIENCE POR SU PROPIA COMPAÑÍA

Su compañía indudablemente tiene un departamento de recursos humanos. Familiarícese con sus políticas. Algunas compañías ofrecen planes de desarrollo personal e incluso pueden financiarlos. Esto sería ideal dado que los costos educativos pueden ser bastante elevados.

EDUCACIÓN CONTINUA

Podría querer hacer a su jefe una propuesta en la que potencialmente todos ganan. Pida a la compañía que pague por la continuación de su educación. Necesitará una argumentación convincente acerca de cómo sus nuevos conocimientos beneficiarán a la compañía, pero esto no es especialmente difícil. Ayuda el hecho de que cualquier gasto en que incurra su compañía probablemente sea deducible de impuestos. Verifíquelo antes de hacer su propuesta.

Puede no necesitar sacar tiempo de su horario laboral para su educación. Gran parte de esto puede hacerse online. Habrá de todos modos algún gasto, pero puede mostrarle a su compañía que las ventajas de una mayor educación ahora pueden obtenerse con gastos significativamente menores que antes.

REDES

Hay muchas maneras de ampliar sus relaciones para su beneficio y por el bien de su compañía.

- *Eventos para contactos de negocios. Hay disponibles muchas conferencias y seminarios de alto nivel de su sector, pero usted puede obtener tanta o más información de eventos de contactos en su área. No son difíciles de encontrar.*
- *Eventos de cámaras de comercio locales. Son muy buenos lugares para hacer contactos de negocios y encontrar nuevos vínculos para su compañía. Por lo general, no tienen costo.*
- *Eventos para sectores determinados. Los encuentros con objetivos precisos, tales como los foros para inversores de riesgo, son más comunes de lo que cree y a menudo en su propia ciudad.*
- *Almuerzos de negocios. Su compañía podría tener conocimiento de almuerzos de negocios informales, que se están volviendo muy comunes. Todo lo que hay que hacer es preguntar. Es el tipo de cosa que solo lo mantendrá alejado de la oficina un par de horas.*

AUTOPERFECCIONAMIENTO PERSONAL

El método más económico de autoperfeccionamiento es el arte perdido de la lectura. Se puede hacer en su propio tiempo, es extremadamente efectivo en términos de costo y al libro ni siquiera hay que enchufarlo.

Así que vaya a su biblioteca o librería local. Dese tiempo para hojear. Lo sorprenderá lo mucho que se ha escrito acerca de sus áreas de interés particulares. Comprométase a leer al menos un libro al mes. Es buena idea usar la lista de best-sellers del *New York Times* como recurso para la selección de material de lectura. Consúltela cada semana en la sección de crítica de los domingos. Hay grandes posibilidades de que sorprenda por la cantidad de libros relacionados con sus intereses específicos.

La inversión en sí mismo es absolutamente la mejor inversión que puede hacer para asegurar su futuro. Sí, requiere parte de su tiempo libre y de su energía, y tendrá que priorizar. Pero conocerá gente nueva, hará nuevos amigos, y aprenderá algo. Es un negocio excelente.

OBTENGA AYUDA

Hay muchas fuentes de ayuda para evitar problemas financieros, así como para solucionarlos si y cuando se dan. Los amigos y los miembros de la familia son la primera elección evidente, pero usted puede no sentirse cómodo haciendo conocer sus dificultades financieras a las personas más cercanas. Por qué esto puede ser así es una cuestión interesante, pero no necesitamos responder a eso aquí. En vez de ello, veamos recursos externos para responder a cuestiones relacionadas con dinero.

PLANIFICADORES FINANCIEROS

Los planificadores de finanzas personales son profesionales que asesoran a parejas o individuos sobre la administración de su dinero. Comúnmente esto involucra la planificación del patrimonio, la planificación impositiva y a veces el manejo de deudas. Pero en general los planificadores financieros no son administradores de crisis y además frecuentemente están orientados hacia clientes más pudientes. A menudo no solo evaluarán la situación financiera de una persona sino que también intentarán vender inversiones a un cliente. Esto no tiene nada de malo ni es una falta de ética, pero puede no responder a las necesidades de una parte sustancial de la población. Además una reunión con un planificador financiero puede ser bastante costosa, por lo general, entre US$ 150 y 300 la hora.

CONSEJEROS

Para mucha gente, establecer un vínculo con un consejero financiero personal es una opción atractiva. Los clientes de los consejeros no se limitan a ser individuos en los niveles más altos de ingresos, y los consejeros, por lo general, no tratan de vender instrumentos de inversión. Sin embargo la certificación de consejeros financieros personales puede no estar tan bien organizada ni ser tan rigurosa como la certificación de planificadores financieros. Por ese motivo es importante definir claramente sus necesidades y expectativas y analizar cuidadosamente las calificaciones del consejero que contrate para esos fines.

Las cualidades requeridas para ser un buen consejero son distintas de las que necesitan otros profesionales financieros. Estas son algunas de las capacidades que debiera buscar en un consejero. Usted puede y debe reconocerlas antes de que se llegue a hablar de dinero.

Escuchar. Para el consejero escuchar es, en realidad, más importante que hablar. Escuchando a la gente se la puede ayudar a superar sus temores, ofreciéndole objetividad completa y dándole atención exclusiva y apoyo sin parangón. Esto lleva al autoanálisis intuitivo que permite a los clientes explorar por sí mismos lo que sucede. Usted tiene que sentir que su consejero sabe escuchar muy bien antes de concretar un acuerdo. Si no tiene capacidad de escuchar no hay nada que pueda suplantarla.

Capacidad de comunicación. Aconsejar es un proceso de ida y vuelta. Así como es crucial escuchar, también lo es poder interpretar y reflejar, de maneras que eliminen barreras, preconceptos, prejuicios y negatividad. Comunicarse bien genera confianza y un entendimiento significativos por ambas partes.

Los consejeros logran comunicar sentimientos y el sentido de las cosas, tanto como contenidos y hay una inmensa diferencia. Es esencial comunicarse sin objetivos personales y sin juzgar ni influir, especialmente cuando se entra en contacto con las ansiedades, las esperanzas y los sueños de la gente.

El buen asesoramiento usa la comunicación, no para dar a los clientes las respuestas, sino para ayudar a los clientes a encontrar las respuestas por sí mismos.

Creación de una buena relación. La capacidad del consejero de crear buenas relaciones con la gente es vital. Normalmente tal capacidad deriva del deseo de ayudar a la gente, que todos los asesores tienden a poseer. La creación de buenas relaciones se facilita mucho para el asesor, comparado con otros servicios, porque el asesor solo se centra en el cliente. Cuando un asesor apoya a una persona de este modo, naturalmente acelera la creación de una buena relación.

Motivar e inspirar. Los asesores motivan e inspiran a la gente. Todos tenemos la capacidad de hacer esto. Nace de un deseo de ayudar y apoyar. La gente que se siente preparada para ayudar a otros normalmente logra motivar e inspirar. Cuando la gente recibe atención y dedicación de parte de un asesor a su bienestar y desarrollo, esto es motivador e inspirador.

DARLO TODO O AL MENOS PARTE

Si una cosa debe haber aprendido de este capítulo, es que el dinero no es un fin en sí mismo. Solo es significativo por lo que puede hacer, y es usted el que toma la decisión. El principal objetivo de alguna gente con su dinero es proveer recursos a sus hijos. "No quiero que tengan que hacer lo mismo que yo" es lo que se dice habitualmente. Otra gente está preocupada de que sus recursos no caigan en manos del impuesto a la herencia del estado. Les importa menos lo que pueden hacer con el dinero que lo que otro podría hacer si tuviera la oportunidad. Un tercer grupo ve las cosas de otro modo completamente diferente. Alguna gente rica quiere que sus herederos reciban menos que el monto total de su patrimonio. Esto se basa en la creencia de que la naturaleza humana no se beneficia de la riqueza no heredada. "Uno tiene que ganar su dinero a la antigua. Tiene que ganárselo".

El más conocido defensor de esta creencia es Warren Buffett, el ícono de la inversión en la bolsa y una de las personas más ricas del mundo. Buffett ha sido por mucho tiempo un partidario de bajos impuestos, con una excepción importante. Apoyaría un impuesto a la herencia del 100 por ciento. De ese modo todos comenzarían la vida en un mismo nivel, no importa lo que hayan hecho sus padres o abuelos. En teoría esto aseguraría que todos se esforzaran más y toda la sociedad se beneficia.

En realidad, ha habido informes diferentes respecto de hasta dónde quiere llegar Warren Buffet con esto. Puede no ser partidario de la eliminación completa de la herencia, pero decididamente quiere limitarla. Ha dicho a menudo que los padres ricos debieran dejar a sus hijos suficiente dinero como para que tengan lo que quieran, pero no lo suficiente como para que no hagan nada. Se ha comprometido a legar US$ 31.000 millones a la fundación de Bill y Melinda Gates, suma interesante que saldrá de su familia para siempre. Como resultado de ello, Warren Buffett ha abierto un debate fundamental acerca del concepto de un legado financiero. ¿Es mejor limitar lo que les traspasa para no malcriar a sus herederos o dejar que hereden la riqueza y la aumenten? Sea lo que usted elija hacer con su patrimonio, acumularlo incorpora muchas de las mismas técnicas que se requiere para ahorrar para tener una segunda casa o para la educación de sus hijos.

Primero, ¿a dónde quiere llegar de última en términos financieros? Fijar una meta financiera no difiere de elegir un destino de viaje. Está tratando de llegar a algún lugar con su dinero. Está tratando de alcanzar cierta meta y saber cuál es su meta es todo en la administración del dinero. Si no sabe a qué quiere llegar, no sabrá cómo llegar a ello. Y no sabrá cómo evitar o minimizar los riesgos por el camino. Incluso puede no llegar a ver los riesgos.

Segundo, ¿cuánto tiempo tiene para llegar a donde quiere? El tiempo que tenga para alcanzar su destino financiero determinará el nivel de urgencia que sienta. De nuevo, es como planificar un viaje. Una vez que ve hasta donde tiene que ir, puede sentirse cómodo con el tiempo que tiene para hacerlo o puede necesitar darse más tiempo o puede tener que ajustar su meta para cumplir con sus plazos.

El tiempo es un factor inmenso en la inversión. La relación entre su tiempo y su objetivo siempre tendrá un papel en su planificación. Si tiene cinco horas para viajar quinientos kilómetros, planificará su viaje muy distinto que si tiene cinco horas para viajar un décimo de esa distancia. Es lo mismo con el dinero. Necesita saber hasta dónde quiere llegar y en qué marco de tiempo. Es la única manera de crear un plan inteligente para llegar a ello.

Tercera pregunta: ¿Dónde está ahora en su vida financiera? ¿Cuánto dinero puede poner al servicio de alcanzar su meta en este momento? ¿Cuál es su punto de partida? La respuesta a esto tiene dos partes: su patrimonio neto, que es el valor total de lo que posee, menos las deudas que tiene que pagar; y su flujo mensual de dinero, que muestra sus patrones de ingresos y gastos mensuales. Es una instantánea de cómo ingresa y sale dinero de su vida. Cuando tenga esta información clara en su mente, puede comenzar a tomar decisiones informadas. Si quiere crear un legado de ingreso pasivo de

US$ 200.000, por ejemplo, podrá ver cuánto dinero puede comprometer en este objetivo ahora mismo. Puede tener US$ 25.000 en un plan de jubilación y US$ 15.000 en una cuenta de ahorro. No quiere tocar su cuenta de jubilación, pero quizás pueda pasar algo de dinero de su cuenta de ahorro a un vehículo que beneficie a sus herederos.

Cuarto y último, ¿qué vehículos financieros le permitirán cumplir sus metas en el tiempo disponible? Cuando planifica un viaje, necesita saber cuántos kilómetros tiene que recorrer y cuánto tiempo tiene para llegar. Una vez que tiene esa información, escoger el vehículo y la ruta debiera ser algo obvio. Las decisiones de inversión y de planificación de patrimonio también deberían ser claras. Solo tiene que conocer sus objetivos de legado y estar familiarizado con los vehículos que pueden permitirle alcanzarlos.

Hay más cosas que decir respecto de la planificación de un legado que salen de los alcances de este libro, y hay mucho más que decir sobre el dinero y la clase. Para que no se sienta abrumado, el capítulo 17 ofrecerá algunas herramientas para vivir cómodamente como persona con clase, no solo cómodamente en su casa de campo, sino en su propia piel.

CAPÍTULO DIECISIETE
Don't Worry, Be Classy
(No se preocupe, tenga clase)

Se ha escrito tanto sobre establecer metas a lo largo de los años. Hay una sección sobre el tema en prácticamente todos los libros que se refieren al desarrollo personal. Pero hay un motivo para ello. La gente advierte la importancia de las metas y quiere establecerlas correctamente. Por lo que con la comprensión de que nuestro objetivo último es convertirnos en gente con clase e inolvidable, veamos lo que involucra establecer y tener éxito en alcanzar metas.

Establecer una meta personal o profesional es un logro gratificante en sí mismo. Pero las metas no dejan de tener sus peligros. Si uno deja de lado otras responsabilidades o hace trampas simplemente para cumplir con el objetivo que se fijó, los costos pueden ser mayores que los beneficios.

Lo que es más, desde el comienzo, las metas no deben ser excesivas ni demasiado limitadas. Y los plazos para alcanzarlas tienen que ser exigentes pero posibles de cumplir.

Desde el comienzo visualice el final. ¿Teniendo una semilla en la mano puede imaginar el roble? No es lógico, pero usted sabe que puede suceder. ¿Puede imaginar una compañía que valga miles de millones de dólares cuando escribe una idea en una servilleta? Eso también podría darse —quizás— pero depende de usted. La mayoría de los planes que la gente escribe en una servilleta no llegan a nada. Pero tampoco todas las semillas se convierten en árboles.

Aunque algunos libros usan los términos de modo casi intercambiable, una meta no es lo mismo que un sueño. Las metas deben ser alcanzables de modo realista, no solo posibles teóricamente. Los sueños por cierto que tienen su lugar. El poder de una visión, no importa lo disparatada que sea, puede cambiar su vida. Pero no organice su día en torno a ganar el torneo Abierto de los Estados Unidos de Tenis, a menos que alguien aparte de usted mismo le ha dicho que es buena idea. La fantasía es divertida, pero no es la realidad.

Imaginar un resultado realista —verse mentalmente alcanzar su meta en el mundo real en que vivimos— es un paso inicial crucial para fijar metas. Una "película interior" de usted alcanzando su meta es extremadamente valiosa. La película puede ser incluso una comedia. ¡Pero no puede ser un dibujo animado!

Haga una lista de los pasos prácticos requeridos. Tal lista será otro paso hacia hacerlo bajar de las nubes al mundo real. Clarificará lo que se necesita realmente para comenzar y eliminar lo que es mero relleno.

Si quiere un nuevo trabajo o un cambio de carrera, tendrá que actualizar su currículum, ese es el primer paso en su lista.

Otros podrían ser estudiar el mercado laboral y encontrar sitios en la red en los que pueda colocar su nuevo currículum. Al continuar con su lista —incluyendo plazos para lograr cada cosa— sea consciente de que simplemente decidir que quiere un nuevo trabajo no es un objetivo lo suficientemente claro. Cuando ve una meta, tiene que estar definida por el destino, no por el punto de partida. Escribir "en seis meses quiero tener un nuevo trabajo" es demasiado vago. Podría terminar en un nuevo trabajo que sea aún peor que el actual. En ese caso, ¿ha alcanzado su meta? Escribir una buena lista puede ayudarlo a centrarse exactamente en lo que quiere, lo que es un paso clave hacia lograrlo.

Identifique obstáculos potenciales y planifique cómo evitarlos. Las barreras en el camino a alcanzar sus metas tienen distintas formas y tamaños. Pero son una amenaza mucho menor cuando las anticipa. Eso no quiere decir que debe concentrarse en todo lo que puede salir mal. Siempre habrá sorpresas y tener algunos reveses es inevitable. Lo que quiere es ser lo suficientemente prudente como para que enfrentar un problema no signifique que se hunde su meta.

Por ejemplo, obligaciones financieras inesperadas pueden ser un revés si su objetivo es ahorrar suficiente dinero como para comprar una casa, de modo que prevea lo imprevisible. Cree una cuenta de ahorro especial como fondo de emergencia. Haga un depósito en esa cuenta todos los meses. Puede ser un depósito pequeño, pero resultará significativo cuando lo necesite.

Haga seguimiento de sus avances. Manténgase en el camino de su meta con la ayuda de un diario. Puede ser un archivo de computadora o un cuaderno en el que escriba a mano, pero deberá actualizarlo frecuentemente, varias veces a la semana como mínimo. El diario también puede ser para agregar comentarios, alterar sus metas y ver lo que ha logrado con el paso del tiempo. Además su diario puede inspirarlo para volver a su camino si comienza a desviarse, y puede darle aliento, documentando lo que ya ha logrado.

Fijar metas y lograrlas es fundamental para convertirse en una persona inolvidable. Y es algo continuo. Siempre debe estar alerta a nuevas metas que valgan la pena, aun antes de haber alcanzado las actuales. Los pasos que siguen lo ayudarán a identificar nuevas oportunidades e incorporarlas a sus planes.

Reconozca la necesidad continua de nuevas oportunidades. La mayoría de la gente cuando piensa en su vida puede ver oportunidades que simplemente no advirtió. Eso está bien. Les sucede a todos. Pero no es algo que quiere que le vuelva a suceder. ¿Puede estar seguro de que si hoy se le presentara una oportunidad la reconocería? Mucha gente pasa la mayor parte de su tiempo en piloto automático. Sus mentes no están abiertas a las oportunidades, no están activamente alertas para verlas. Pero la suerte realmente favorece a los que están preparados para ella.

El primer paso para ver nuevas oportunidades es decidir que, en su carrera y en su vida personal, las cosas podrían estar aún mejor si encontrara algo nuevo. Se requiere clase para admitir esto. Se requiere honestidad para admitir, aunque más no sea a sí mismo, que la vida que le costó tanto construir aún podría beneficiarse de algunas mejoras, y que ver nuevas oportunidades es el medio para alcanzar ese fin.

Inspírese en otros. Edúquese respecto de las circunstancias que llevaron a otros hombres y mujeres a descubrir oportunidades. Detrás de cada éxito importante —se trate del de Isaac Newton o Bill Gates— hay una historia de mucho trabajo, buena suerte y el don de ver lo que otra gente no advierte y aprovecharlo.

Vaya más allá del terreno en el que se siente más cómodo. Es casi imposible descubrir nuevas oportunidades cuando se queda donde siempre estuvo. El temor, el evitar cosas nuevas o la simple inercia son enemigos de las oportunidades. En lo personal y en lo profesional, casi todos tenemos un terreno en el que nos sentimos más cómodos y que nos impide reconocer oportunidades cuando aparecen. Es asombroso que podamos adecuarnos tan fácilmente a la monotonía de un trabajo, que eso nos resulte cómodo y que incluso sintamos temor ante la posibilidad del cambio, a pesar de que el cambio puede ser lo mejor para nosotros.

Pero eso es el terreno en el que nos sentimos cómodos. En definitiva, es destructivo y profundamente limitante. ¡Pero es tan cómodo! No importa en qué consista el terreno en el que se siente cómodo, para reconocer oportunidades y hacer cambios en cualquier aspecto de su vida, tendrá que reconocer primero que está en esa zona y dar los pasos incómodos necesarios para salir de allí.

Deshágase de sus ideas preconcebidas. Si se presenta una oportunidad por fuera de su norma, no sucumba a la tentación de no aprovecharla solo porque "probablemente no va a funcionar". O porque es demasiado costosa. O porque es demasiado riesgosa, o hay tanto riesgo potencial de quedar desilusionado. El último paso para reconocer oportunidades es dejar de lado estos prejuicios. Aprenda a ver más allá de la negatividad instintiva y sepa reconocer una oportunidad. Puede funcionar o no. Pero es una oportunidad a ser considerada, no ignorada o evitada.

Por ejemplo, quizás crea que su trabajo no es ideal para usted, pero con el estado actual de la economía puede decirse que debería estar agradecido de tener un trabajo. Este punto de vista no tiene nada de malo a primera vista. Tiene sentido. Pero no debiera oscurecer su juicio respecto de otras oportunidades haciendo que las rechace inmediatamente al momento que aparecen. Por cierto que no debiera rechazarlas simplemente porque la idea de dejar su empleo es demasiado peligrosa. ¿En vez de suponer que su actual empleo es su bote salvavidas durante la crisis económica y que cualquier otra cosa es demasiado peligrosa como para considerarla siquiera, porque no ver que se crean nuevas oportunidades incluso en tiempos difíciles, y que una de ellas podría ser adecuada para usted?

Es cierto que en esto hay cierto nivel de riesgo. Pero las metas que valen la pena y el riesgo razonable son dos caras de la misma moneda. Fijar metas en la vida es algo válido para todos, porque todos tenemos cosas nuevas que quisiéramos hacer, crear o ser. Sin embargo, iniciar el camino a algo nuevo puede ser difícil. Muchos tendemos a concentrarnos en el fracaso y lo desconocido. Puede ser un poco intimidante: estamos inseguros de nosotros mismos cuando se trata de algo desconocido y la posibilidad del fracaso. Pero eso es también porque nos atraen las metas en primer lugar. Hay un deseo natural de lanzarse a lo desconocido, meterse en territorio poco familiar y descubrir qué nos aguarda más allá del horizonte.

Correr riesgos es duro pero necesario. Como persona inolvidable hará muchas cosas en su vida, pero cuando mire hacia atrás verá que nada que valga la pena le fue simplemente dado. Eso exige correr riesgos, que pueden ser evaluados y manejados con los siguientes pasos.

Visualice lo que podría ganar corriendo el riesgo. Reconozca el riesgo cuando lo ve, pero antes de actuar, diviértase un poco con el riesgo. Imagine cómo sería tener un éxito loco si corriera el riesgo. Visualice esto con gran detalle. Cómo se sentiría, qué gusto tendría y qué olor. Todo detalle adicional ayuda. Pintar este cuadro entusiasmante puede clarificar por qué podría querer probar algo nuevo, incluso con sus posibilidades arriesgadas. Conocer el "porqué" lo ayudará cuando las cosas se pongan difíciles, como bien puede suceder.

Además divertirse con el riesgo le permite concentrarse en las posibilidades positivas en vez de las negativas. Comenzar algo nuevo puede dar miedo, pero tiene que prestar atención a lo que puede ganar y no "¿qué es lo peor que puede suceder?".

Finalmente, conectarse mentalmente con la meta última asegura que va en la dirección indicada y lo ayuda a correr riesgos que estén en concordancia con la misma. Puede estar probando preparar la cena por primera vez y sueña con crear una cena gourmet. Pero entonces se encuentra comprando salchichas en el almacén. Sí, va camino del "éxito" —va a preparar la "cena"— pero no va a alcanzar la meta que anhela. Si corre el riesgo podría fracasar. Pero si no corre el riesgo, ya fracasó.

Reconozca las partes difíciles. Ha decidido que está dispuesto a correr el riesgo, pero todavía no actuó. ¿Por qué? Piense en el riesgo que quiere correr e identifique qué es lo que se opone. Su mente derivará hacia las áreas que ve como resistentes en el camino a su meta. Al principio esto se verá turbio. Eso se debe a que no se ha tomado el tiempo para descubrir qué hay entre usted y su meta. Para correr riesgos tendrá que ser específico respecto de las cosas que tendrá que superar. Pueden ser obstáculos físicos (falta de fondos o no tener el equipo adecuado) o intangible, tales como el temor a lo desconocido o la falta de tiempo para comenzar algo nuevo.

Suponga que quiere aprender a tocar un instrumento musical. Piense por qué no lo ha aprendido aún: puede advertir que no tiene una guitarra, no sabe nada al respecto, no tiene el dinero para comprarla y no sabe qué hacer para aprender. Son muchas dificultades, pero al menos ahora ya tiene claro lo que necesita hacer. A partir de allí, su creatividad y su voluntad comenzarán a resolver los problemas. Su inconsciente puede resolver muchos problemas. Lo que su inconsciente no puede hacer es penetrar la masa turbia de temor que se interpone entre usted y su meta. Por lo que saque esto a la luz del día. ¿Algún amigo suyo tiene una guitarra juntando polvo en un placar? ¿Y qué hay de una tuba?

¡Comience! Mark Twain dijo: "El secreto para avanzar es comenzar". El mayor obstáculo al cambio es la resistencia interna. Es fácil quedar atrapado en la parálisis del análisis y pasarse el día bosquejando la ruta perfecta para alcanzar sus metas. Pero en algún punto simplemente tiene que comenzar. Esta es la parte más difícil y desgraciadamente no hay consejos o trucos secretos, solo la voluntad y hacer. Por eso, en cuanto tiene clara su meta y está dispuesto a correr riesgos, debiera comenzar, aunque sea un comienzo difícil. Un comienzo imperfecto es siempre mejor que una fantasía perfecta y mucho mejor que una excusa perfecta.

¡Disfrute el viaje! Una vez que abrazó los riesgos e inició el camino a su meta, disfrute del viaje. El éxito no viene necesariamente de forma rápida, pero simplemente iniciando el camino está más cerca de su sueño de lo que jamás estuvo. Todo lo que vale la pena va a tener un costo, es una parte esencial de correr riesgos. Esté orgulloso de sí mismo por comenzar.

Puede ser fácil desalentarse, así que manténgase positivo. Pida a sus amigos que le exijan rendir cuentas de sus avances y hable de sus metas cuando esté con ellos. Hable de su objetivo con todo el que conozca: la gente en el trabajo, la chica de la caja en el almacén, etc. Se le recordará su meta cada vez que otros pregunten por sus avances hacia ella. No olvide preguntarles cuáles son sus metas. ¡Le sorprenderá qué poca es la gente que tiene metas claramente definidas! Eso le dará motivación justificada. Usted es una de las pocas personas que conoce que trata de lograr algo difícil.

Es duro comenzar algo nuevo, pero eso es lo que hace que valga la pena. Correr riesgos le permite descubrir cosas nuevas sobre el mundo y usted mismo. Incorpora nuevos placeres y logros a su vida. Puede expandir su horizonte y abrirle el mundo. Nada de esas cosas le va a suceder si está sentado en el sofá y no está abierto a correr riesgos. Póngase el casco y métase en el juego de la vida. Vea más allá del riesgo, identifique los obstáculos que tiene que superar, luego póngase en marcha. Tómese el tiempo para disfrutar del viaje y comience a pensar en lo que hará a continuación. Porque si sigue adelante, podrá alcanzar una meta bien pensada y cuidadosamente planificada.

La única variable es el tiempo y, dentro del tiempo, la única variable es el cambio y la transformación constantes. El cambio puede modificar, alterar, corregir, incluso desbaratar, pero siempre transforma. Son pocos aquellos a los que les gusta y menos aún los que prosperan con el cambio. En el pasado las vidas de mucha gente no cambiaban demasiado a lo largo de los años. Nacían y morían en el mismo pedazo de tierra. Pero esa no es la manera en que vivimos ahora y esto involucra cambios a un nivel más profundo que la mera introducción de un nuevo modelo de iPhone.

Entre los ejemplos comunes del cambio se cuentan:

- *Mudarse de un lugar que era su hogar.*
- *Cambiar de carrera.*
- *Terminar una relación significativa.*
- *Manejar cambios y desafíos físicos, todo desde aumentar de peso o perder pelo, hasta algo más serio.*

Acepte el cambio como una realidad continua.
En cualquier proceso de vida importante, la aceptación es comúnmente la última fase, no la primera. Pero la aceptación siempre es fundamental cuando se confronta el cambio porque "no se puede luchar contra el poder establecido". El desafío o la negación solo demoran lo inevitable.

¿Entonces cómo hace una persona inolvidable para llegar a la aceptación? Primero, evite tratar de negar o siquiera suavizar el impacto personal del cambio llevando consigo demasiados elementos del *statu quo* que ahora está abandonando. Al mismo tiempo, deberá mantener al menos algunas de sus rutinas y relaciones establecidas. Haga el esfuerzo de seguir viendo gente a la que acostumbra ver. Tenga presente que mientras enfrenta el cambio y elimina algunos viejos hábitos, no tiene que abandonar todo lo que conoce. Vea la aceptación del cambio como una fase transicional que tendrá idas y venidas como las mareas, mientras usted lo permita.

Desarrolle un plan para manejar el estrés. Hemos dedicado todo un capítulo a los efectos destructivos del estrés y cómo evitarlos. Si su vida está en transición, relea ese capítulo. Se entiende universalmente que el cambio es un camino espinoso. Siempre incluye dificultades, muchas de las cuales son difíciles o imposibles de prever. Por lo que tenga una postura proactiva. Dedique tiempo a desarrollar tácticas para manejar las dificultades antes de que aparezcan.

Los planes de manejo del estrés, por lo general, comienzan analizando cómo manejó el estrés en el pasado y las respuestas pueden alarmarlo. Entre los mecanismos de manejo que son dañinos se incluyen la automedicación con alcohol o drogas, fumar, dormir demasiado o postergar las cosas lo más posible. Estos son todos parches desastrosos que solo condensan el estrés que lo golpeará más adelante.

Cuando arma un plan de manejo del estrés para enfrentar el cambio, también podría querer aprender algunas técnicas de relajación, hacer más actividad física y tener una dieta más sana. Cuanto mejor se sienta en general, menos impacto tendrá el estrés.

Identifique los aspectos positivos. Algunas de las lecciones más profundas del estilo de vida de una persona con clase son tan simples. Parecen casi demasiado simples como para ser cierto. "¿El vaso está medio vacío o medio lleno?". Su respuesta revela más de lo que ve. Revela quién es usted.

La energía eléctrica no sería posible sin la resistencia del cable. No puede hacerse un gran tiro en tenis sin una red. Ningún niño aprende a caminar sin caerse cientos si es que no miles de veces. Prácticamente todo en nuestras vidas ilustra la naturaleza inseparable del logro y la dificultad. De modo que, de última, el vaso no está ni medio vacío ni medio lleno. Son las dos cosas al mismo tiempo. Siempre ha sido y siempre será así.

Comience a actuar para producir cambios necesarios. Ahora se ha acomodado al cambio aceptándolo, ha configurado algunos planes para manejar el inevitable estrés que soportará y ha identificado algunos resultados positivos que pueden darse con este cambio. En síntesis, ha reducido un cambio importante a un conjunto menos intimidante de cambios más pequeños.

Ahora está listo para comenzar a implementar esos cambios. No está esperando simplemente que el cambio le suceda. Se trate de papelerío, cosas de las que deshacerse, decisiones a tomar o adaptaciones a absorber, póngase en marcha. No tome la ruta pasiva que dice: "Me ocuparé de eso cuando llegue el momento". Tenga presente que el cambio rara vez se asimila en un instante. El tiempo puede ser su aliado, por lo que deje que el tiempo haga su trabajo.

Al desarrollarse el proceso, cometerá errores. Hemos hablado de la importancia de perdonarse por decisiones tácticas equivocadas. Pero otros niveles de error pueden ser más difíciles de integrar al trabajar para volverse una persona inolvidable. Algunas cosas las lamentará profundamente. Algunas acciones lo harán sentirse culpable, quizás por muchos años. ¿Cómo debe manejar eso?

Una conciencia cargada es dolorosa y la vida puede ser más difícil hasta que encuentre una solución a su juicio de sí mismo. Lo bueno es que la necesidad de limpiar su conciencia implica la existencia de su conciencia. No es un sociópata sin sentimientos. Es una persona decente que ha cometido algunos errores. Es una persona con clase o está convirtiéndose en tal.

Limpiar su conciencia —perdonarse a un nivel emocional o incluso espiritual— a menudo no es fácil. Pero hacerlo es crítico. Estos son algunos pasos que puede dar hacia ese fin.

Concéntrese en lo que le molesta. El primer paso para limpiar su conciencia es aislar lo que le remuerde. A veces es difícil admitir exactamente de qué se trata. Como resultado de ello, flota por la mente como una nube de gases tóxicos, que se vuelve más y más ominosa cada vez que la esquivamos. Use lenguaje honesto para definir esta nube. Véala en términos severos para poder definir con precisión su naturaleza.

En el *Ricardo III* de Shakespeare, el rey tarda hasta el último acto en confrontar su conciencia o hasta que su conciencia lo confronta. Sueña que toda la gente que mató en el camino a hacerse rey vuelve, una por vez, y le dice que morirá en batalla al día siguiente. Se despierta y grita: "Conciencia cobarde, ¡cómo me afliges!". Para entonces es demasiado tarde. Si hubiese aislado sus demonios, podría haber dormido bien esa noche y haber estado bien descansado cuando se enfrentó al conde de Richmond en el campo de batalla. En cambio perdió no solo su corona sino su vida. Pero, en realidad, ya la había perdido. ¡No deje que eso le suceda!

Confiésese de modo seguro. Mientras guarde la culpa, esta se alimenta de su energía vital. Tiene que poner fin a eso. Saque sus sentimientos a la luz, pero hágalo de modo seguro y controlado. Eso puede significar una conversación con un amigo íntimo, un maestro, un padre o un terapeuta. Un paso intermedio puede ser escribirlo en un diario. Como sea que decida proceder, debe estar decidido a conectarse no solo con los hechos sino también con sus sentimientos. Con el medio seguro que elija, "desnude" su corazón. Haga que la experiencia sea tan catártica como pueda. En la medida que logre hacer esto, la nube que ha estado en su interior comenzará a disiparse.

Pero enfrente esta experiencia con cuidado. Una vez más, Shakespeare dominaba esto. En *Romeo y Julieta*, Julieta decidió confiarse con su nodriza entrometida acerca de su amor ilícito, que corrió a contarle a Romeo como comadrona del siglo dieciséis. El resultado fueron consecuencias trágicas. En *Hamlet*, el rey Claudio purga su conciencia por haber asesinado al padre de Hamlet a través de plegarias pero comete el error de rezar en voz alta donde Hamlet puede escucharlo.

¡Rearme el universo! Puede ayudar a borrar la culpa si equilibra su acción negativa con una positiva inversa. Dicho simplemente, haga lo opuesto de su mal anterior. Si pateó el perro de su vecino, ofrézcase de voluntario en la perrera. Sin embargo, si hacer lo inverso se demuestra impráctico, encuentre alguna forma de expiación que satisfaga esta necesidad sin crear cargas adicionales en su conciencia y sin que le cause a usted (u otra persona) más problemas. Psicológicamente, este es un principio importante.

Lávese las manos... literalmente. El ritual tiene un lugar importante en el cambio emocional, aunque el ritual sea informal y de su propia creación.

Habiendo expiado sus acciones, limpie su conciencia y lave sus manos. Este es obviamente un paso ceremonial, pero tiene mérito. Según un estudio de investigadores de Toronto y Chicago, "la limpieza física alivia las consecuencias perturbadoras de la conducta que va en contra de la ética y reduce las amenazas que acechan la autoimagen moral de una persona".

La más famosa —y frustrada— lavadora de manos de la literatura es Lady Macbeth. Sonámbula, la domina su conciencia y trata de lavar las manchas imaginarias de la sangre del rey Duncan de sus manos. La mujer maldita fracasa y sus palabras sonámbulas la condenan a ella y su marido por asesinos.

Esto no debería sorprender a nadie: evitó confrontar sus malos actos con lenguaje honesto, se purgó de modo público y vocal, no hizo intento alguno de restaurar el universo, y cuando se lavó las manos de modo ceremonial, no recurrió a agua y jabón.

Pero suponga que nada de esto funciona, ¿entonces qué?

"No puedo dejar de pensar en ello". Todos hemos conocido esta frustración, que puede significar un día de trabajo difícil, una novia que acaba de dejarnos o un evento futuro que nos pone los pelos de punta. Cualquiera sea el caso, estaremos mejor en el momento que logremos recuperar la paz de espíritu.

Esto es frustrante porque sucede dentro de usted, dentro su ser físico y emocional. Pero pese a esta relación íntima con su ansiedad, por momentos se siente incapaz de evitarlo e impotente para corregirlo. Biológicamente, la razón subyacente de esto podría ser que ciertas regiones de su cerebro son inaccesibles a su intervención consciente. Ese es un concepto interesante, pero no lo hará sentir mucho mejor.

Algunas de las grandes tradiciones espirituales del mundo han encontrado maneras de abordar esto. También los aportes de la terapia cognitiva y otros enfoques psicológicos. Por difícil que pueda ser lograr la paz de espíritu, el cerebro sigue siendo un órgano neuroplástico. Si puede cambiar para peor, también puede cambiar para mejor.

¿Qué puede hacer para promover ese cambio positivo?

Disponga de tiempo y espacio. El primer paso para aquietar su mente es casi universal en la práctica de la meditación: establecer un momento y un lugar para hacerlo. La *meditación* es un término cargado. Para los no iniciados puede conjurar imágenes de prácticas místicas del lejano Oriente. Aunque en Occidente también tiene credibilidad bien ganada. La meditación es considerada efectiva en terapias tanto psicológicas como fisiológicas. Pero requiere que sea respetuoso con eso de tranquilizar su mente —demostrarse a sí mismo que lo toma con seriedad— dedicando un poco de su tiempo y energía de modo que su esfuerzo sea sincero.

Vea el objetivo con claridad. Comenzamos este capítulo con un análisis de la fijación de metas y llegaremos al final fijando la meta de una mente quieta. El blanco no es todo el espectro de la actividad mental, solo la frecuencia envenenada. Deje de lado todo intento de contener aun los pensamientos e imágenes más inflamatorios relacionadas con lo que lo intranquiliza.

Ancle su concentración. Este es un paso intermedio que promueve la concentración en un objeto elegido. El principio es claro. La mente humana solo puede procesar un pensamiento por vez. Si está plenamente concentrado en un objeto, no puede estar pensando también en otra cosa. Lo que es más, el principio funciona con palabras tanto como con objetos. Si su mente se centra en una palabra o incluso una sílaba sin sentido, no puede estar también inquieto y preocupado. ¿Puede ver las implicancias poderosas de esto? Al anclar sus pensamientos en una visión o sonido neutral, puede evitar que vayan a la deriva en una dirección que lo incomoda.

Una de las mejores técnicas en este sentido es concentrarse en su propia respiración. Técnicamente no podría ser más fácil. Simplemente quédese sentado y callado, "consciente" de inhalar y exhalar. En la práctica se sorprenderá de la cantidad de distracciones que aparecen aunque esté sentado solo en un cuarto totalmente silencioso. Sus pensamientos comenzarán a desbocarse. Pero ese es el objetivo. Al tomar conciencia de la estática incesante que su cerebro se transmite a sí mismo, puede comenzar a percibir el grado de agitación psíquica que esto causa. Pero se ha convertido en una presencia tan constante en su vida que ni siquiera es consciente de ello.

Bueno, una vez que tome conciencia de ello, podrá ver los beneficios de acallar todo eso. Ese es el propósito de la meditación. Le permite colocarse fuera de sí mismo y percibir sus pensamientos incesantes con el desapego de un extraño.

CAPÍTULO DIECIOCHO
Logros, productividad y más allá

La mayoría de los libros de desarrollo personal comienzan centrándose en los logros en el mundo real. Eso puede adquirir muchas formas, desde establecer metas, pasando por acumular riqueza, hasta ascender en la escala corporativa. Pero estamos dejando los logros para lo último, no porque no tengan importancia, sino porque son la culminación de todo aquello por lo que se esfuerza una persona con clase. Ninguna persona con clase querría retribuciones materiales sin habérselas ganado, y ganarlas es algo que una persona con clase decididamente sabe cómo lograr. Cumplen aún más de lo que prometen. Lo hacen en plazos aún más cortos que los acordados. Y si no lo hacen ver fácil, al menos parecen disfrutar los desafíos que se presentan. En síntesis, las personas con clase son gente que sabe realmente alcanzar logros emocionales, espirituales y casi siempre financieros. Para el final de este capítulo, sabrá más acerca de cómo alcanzar esos resultados y también tendrá las herramientas para lograrlos.

Alguna gente en el mundo cree que tiene derecho a ganar mucho dinero. Pero mucha gente se sigue sintiendo conflictuada por ello, aunque a menudo de modo inconsciente. Alguna de esta gente tiene éxito financiero. Algunas personas pueden ganar millones, otras miles de millones. Pero si ganar dinero para uno mismo es el único fin, esto, por lo general, lleva a melancolía y desilusión, no importa qué sumas estén involucradas. Ser rico no es lo mismo que tener clase, no se hable ya de ser feliz.

Para saber más acerca de esta regla, consulte las biografías de individuos extremadamente ricos tales como John D. Rockefeller, William Randolph Hearst o J. Paul Getty. Por más dinero que tuvieran, no hay manera de describirlos como hombres felices. Una excepción notable fue Andrew Carnegie, que comenzó su vida como un inmigrante pobre que venía de Escocia y terminó conduciendo la Compañía de Aceros Carnegie. Carnegie vivió en el siglo diecinueve, un tiempo en que la economía estadounidense estaba dominada por un grupo de individuos extremadamente ricos, y de los que Carnegie era uno de los más ricos. Pero mientras John D. Rockefeller solía regalar diez centavos, Andrew Carnegie usó la mayor parte de su fortuna para construir bibliotecas y otras instituciones culturales en todo Estados Unidos. Para ver las diferencias que esto produjo en estos dos hombres, basta mirar fotos de ellos hacia el final de sus vidas. Como sabemos, ¡una imagen vale por mil palabras!

Hace varios años una de las universidades empresarias más importantes hizo un estudio de algunas compañías y corporaciones exitosas. Una de las conclusiones del estudio se refería al propósito para el que llegaron a existir estas organizaciones. Al comienzo la misión de cada compañía iba más allá de obtener ganancias. Tenía que ver con crear algún beneficio mayor que iba más allá de los límites de la compañía misma. Las compañías con esa definición de éxito llegaban a la cima y permanecían allí. No es que simplemente andaban bien por un tiempo y después desaparecían. Se mantuvieron en un lugar más elevado por mucho tiempo. Sony era una de estas compañías y Sony tenía varias misiones que no estaban expresadas en términos financieros. Una de ellas era elevar la percepción de Japón como sociedad en todo el mundo, pero más importante aún, era elevar a los japoneses mismos. Este propósito sin duda fue alcanzado y trajo consigo otros tipos de logros.

Fundamentalmente, las leyes del éxito son justas. Alguna gente puede tener buena o mala suerte al comienzo de su carrera, pero con el tiempo las cosas se compensan. Una de las leyes más básicas es que la productividad es igual al logro. Cuanto más productivo sea usted con su tiempo, sus capacidades y sus recursos, tanto mayor será su logro. Por tanto, la cuestión de cómo ser realmente más productivo es importante.

Si es como la mayoría de la gente, decididamente puede mejorar su productividad, tanto en el trabajo como fuera del mismo. En el lugar de trabajo, puede aprender a reducir los recursos, consolidar, ser expedito y ejecutar mejor sus responsabilidades. Fuera del lugar de trabajo, puede aprender a relajarse realmente y disfrutar, de modo que, cuando nuevamente sea llamado a producir, pueda hacerlo con plena eficiencia.

Teniendo presentes estos dos factores, centraremos la primera parte de este capítulo en técnicas para mejorar la productividad en su carrera, especialmente su uso del recurso más importante de su carrera, que es su tiempo. Luego concluiremos con una visión de cómo optimizar su vida fuera del lugar de trabajo. Para ser una persona con clase, decididamente necesita que ambos elementos se combinen.

¿CÓMO ES SU DÍA?

Piense en su trabajo. ¿Qué es lo primero que hace por la mañana? ¿Cuántos descansos se toma? ¿Tiene tiempo libre o apenas le alcanza el tiempo para cumplir con sus tareas asignadas? Ambas opciones son malas noticias. La primera lo coloca en un patrón de compás de espera letárgico. La segunda es un boleto a quedar quemado emocional y físicamente, probablemente más temprano que tarde. De modo que, con el espíritu de lograr buena salud en su carrera y equilibrio entre su trabajo y su vida, exploremos algunas ideas con clase para una mayor productividad.

Primero, aprenda no solo a organizarse, sino a priorizar. Más allá de las apariencias inmediatas, la vida está llena de supuestas urgencias que, en realidad, a la larga no importan. La tecnología ha aumentado nuestra sensación de urgencia. Una carta enviada por Federal Express reclama atención más inmediata que algo enviado con la tarifa común y un fax grita aún más que un envío por Federal Express. Pero el sistema de entrega no tiene ninguna incidencia en cuanto a la importancia del contenido. Usted puede estar llegando cuatro minutos tarde a una reunión de personal, pero la reunión misma podría ser un desperdicio del tiempo de todos.

A menos que tome control consciente del proceso, tenderá a reaccionar ante aparentes urgencias, aunque sean relativamente poco importantes. Lo que es aún peor, puede no advertir lo que es importante, a menos que también traiga consigo una sensación de urgencia.

Para evitar esto, desarrolle una manera de interrumpirse varias veces al día. Simplemente deje de hacer lo que está haciendo y pregúntese: "¿Es así como quiero o necesito utilizar mi tiempo ahora?". Si la respuesta es sí, vuelva a lo que estaba haciendo. Habrá reafirmado su decisión de modo consciente.

Otra posibilidad. Está haciendo algo que quiere o necesita hacer, pero no en este momento. De modo que déjelo de lado en favor de algo que depende más del tiempo. De ese modo evitará sufrir la presión de los plazos más tarde.

Y si ni quiere ni necesita hacerlo, ahora ni nunca, ¡simplemente deténgase! Puede sorprenderlo, pero si mantiene la pregunta "quiero/necesito" por unos días, se encontrará haciendo cosas que no puede justificar, y se encontrará haciendo cambios para servir mejor a sus necesidades.

A continuación, aprenda a reconocer cuando el tiempo no es el problema. Aunque ir a esa reunión de personal no sea importante ni placentero, puede ser mucho más fácil que cumplir con los plazos pendientes. Y cumplir con los plazos pendientes puede ser más fácil que resolver los problemas en sus relaciones. A menudo tomamos el camino de la menor resistencia, especialmente si podemos justificar la opción, como cuando decimos: "Tuve que ir a la reunión. Habrá que fijar un nuevo plazo".

No importa lo que haga, deje de tratar de conseguir más tiempo. Nunca lo conseguirá. No hay un tiempo perdido. No existe más tiempo. Usted está viviendo en el tiempo que hay. Tiene que decidir conscientemente vivirlo de ciertas maneras y no otras. Tiene que usar el tiempo sabiamente quitándoselo a una actividad y dándoselo a otra.

Como dijimos antes, el uso consciente y creativo de una lista de cosas por hacer puede ser de ayuda en este caso. Si quiere hacer ejercicio físico tres veces al día, si necesita hacer una planificación a largo plazo de su carrera y sus finanzas, si le importa lo suficiente otro ser humano como para querer fortalecer la relación, entonces dedique tiempo en sus horarios a hacer estas cosas. De otro modo, puede no llegar a hacerlas o solo podrá hacerlas cuando su energía y concentración estén disminuidas.

Otra poderosa sugerencia para determinar sus prioridades es engañosamente simple. Compre un pequeño anotador que pueda llevar en su bolsillo. Puede comprar una agenda cara de cuero si quiere, pero un cuaderno de espiral barato sirve lo mismo. Use el cuaderno para determinar sus prioridades en los días laborales. Requerirá cierta diligencia, pero haga el esfuerzo, porque esto probablemente sea la cosa más importante que pueda hacer para establecer prioridades en su vida.

Prestar atención a cómo pasa el día, automáticamente le hará introducir cambios. Es un principio fundamental de la física moderna que la observación cambia la realidad. Hasta puede ser que la observación crea la realidad, pero por ahora digamos que llevar esta agenda lo hará alterar su conducta de algunas maneras positivas, se lo garantizo. Para eso basta llevar una agenda convencional, en la que sigue la cantidad de tiempo que dedica a varias tareas o quizás a evitar varias tareas. Pero ahora vamos a introducir algunos refinamientos que multiplicarán inmensamente el poder de esta herramienta.

Además de seguir sus llamadas y sus almuerzos de trabajo, use su agenda para llevar registro de sus conductas reactivas y proactivas a lo largo de una semana. Una manera simple de hacer esto es escribir una P o una R junto a las distintas entradas. Por ejemplo, si un cliente lo deja en espera quince minutos y entonces usted está tan molesto que casi pierde ese pedido, ponga una R en el margen. Y si ve una oportunidad de compartir algo con otra persona y lo hace, escriba una P.

Es así de simple, ¿pero qué cree que sucederá? Le aseguro que a lo largo de la semana las P comenzarán a multiplicarse y las R comenzarán a disminuir. Y parecerá algo hecho sin esfuerzo. Así de poderosa puede ser la agenda de tiempo.

Luego de llevar la agenda una semana, léala prestando realmente atención. ¿Qué le dice? ¿Qué descubre de sus prioridades, no en términos de lo que cree que son, sino de cómo usa su tiempo realmente? Si tiene hijos, por ejemplo, puede sentir que es importante pasar tiempo positivo con ellos. La mayoría de los padres lo sienten así, pero muchos descubren que actúan de acuerdo a esos sentimientos mucho menos de lo que pretendían. Puede desear hacer trabajo voluntario para ayudar gente menos afortunada que usted, ¿pero su agenda muestra que ha actuado de acuerdo a esa intención? Es probable que haya dedicado más tiempo a un detalle detrás de otro. Pero no se preocupe porque va a llevar la agenda una segunda semana. Y en la segunda semana va a ser mucho más proactivo respecto de cómo usa su tiempo.

ESPACIO Y TIEMPO

Einstein demostró que los conceptos de espacio y tiempo son, en realidad, inseparables. Así como organiza sus prioridades, organice el espacio físico en el que usa su tiempo. Un lugar atestado puede tener un impacto negativo importante sobre su productividad. Pese a los beneficios obvios de un área de trabajo limpia, poca gente se toma el tiempo de archivar y organizar, por lo que sugiero que se ocupe de ello. Tómese una hora al final del día para encontrar un lugar para los ítems importantes. Archívelos en un espacio que sea de fácil acceso y fácil de recordar. Si han pasado más de treinta días desde que usó por última vez un papel o archivo, elimínelo de su espacio. Puede ser doloroso, pero vale el esfuerzo.

Aprenda a dejar los asuntos personales para su propio tiempo. Puede no advertir el efecto que una llamada personal ocasional puede tener a lo largo del día. El impacto puede ser muy perjudicial. De modo que esté atento a las interrupciones personales y hará su trabajo mucho más rápido.

Dedíquese a tareas pensamiento-intensivas por la mañana y trabajo-intensivas por la tarde. La mayoría de la gente tiene la mente más aguda antes del almuerzo, de modo que trate de resolver tareas que lo exijan mentalmente lo más temprano posible. Si tiene que procesar números o escribir un informe extenso, comience en cuanto llegue a su escritorio. Fije reuniones y llamadas de conferencia para la tarde. Este es el mejor momento para interactuar y compartir ideas.

Hágase experto en delegar. Puede no tener un equipo de gente para dirigir, pero sigue siendo vital hacer el mejor uso de la ayuda de sus colegas. Analice sus tareas y descubra dónde pueden ser útiles sus colegas.

Es tan fácil señalarle a la gente sus puntos débiles. Los puntos débiles son casi siempre obvios, al menos para los demás, ¡de hecho, por eso son débiles! Nuestras debilidades son las cosas que no podemos ocultar, salvo a veces de nosotros mismos. ¿Pero qué sucede si uno se centra siempre en las debilidades en el trato con determinado individuo? ¿Cuál es el efecto de llamar la atención constantemente sobre áreas en las que se necesita mejorar? Aunque la crítica sea absolutamente acertada, el resultado será inseguridad y temor. No se dará un cambio positivo a un nivel fundamental. En el mejor de los casos, habrá algún avance para evitar más críticas. Pero eso no es lo mismo que un cambio real. Para producir un cambio real, un líder tiene que conectarse con las aspiraciones propias de un individuo y localizar los puntos en el que son congruentes con las metas de toda la organización.

Para decirlo más simplemente, tiene que descubrir lo que la gente quiere, y en qué es buena, e invitarla a poner esas capacidades a trabajar para sí y para el grupo de conjunto.

LA DIFERENCIA ENTRE LO QUE ESTÁ BIEN Y LO QUE ESTÁ MAL

Arreglar lo que está mal, por tanto, es a menudo cuestión de descubrir lo que está bien. No se trata de corregir debilidades, si no partir de los puntos fuertes. Haga que esta sea su meta con otras personas y consigo mismo también. Juzgarse casi siempre lleva a ser negativo: "¡Soy incompetente, soy poco inteligente, soy un desastre!". Rara vez pensamos en las cosas en las que somos buenos o que disfrutamos. Si disfruta jugar al baseball, no le molestará no ser tan bueno como un jugador de las ligas mayores, porque la experiencia es su propio premio. Pero suponga que tiene que dejar de jugar al baseball ocho horas al día para llevar contabilidad o colocar cables eléctricos o afinar pianos. Suponga que tiene que dejar de hacer lo que le gusta, para hacer aquello con lo que gana dinero y que incluso puede ser algo en lo que no es particularmente bueno. ¿Cuál será el resultado? Se juzgará por sus obligaciones y también puede ver su verdadero talento como solo algo recreativo o incluso autoindulgente.

Pero suponga que pudiera dedicar todo su tiempo a lo que disfruta. En vez de ver esa actividad como un mero pasatiempo, suponga que alguien pudiera mostrarle cómo conectar eso con su carrera, a los objetivos de su compañía u organización. Si eso sucediera, probablemente mejoraría en su verdadera capacidad mucho más rápido que en algo que solo hace para pagar las cuentas. Lo que es más, se sentiría mejor consigo mismo y el empleador que le dio esta maravillosa oportunidad.

Dar a la gente justo ese tipo de oportunidad es una cualidad esencial de un jefe efectivo y una persona inolvidable. Encontrar la manera de crear esa oportunidad es un atributo clave de los empleados que buscan genuinamente dar y compartir lo mejor de sí. Cuando estas cualidades y atributos se ponen en acción, el resultado es productividad y logros para todos.

Nos hemos extendido acerca de cómo lograr más a través de la productividad en el lugar de trabajo. Pero el trabajo no es un fin en sí mismo. Un propósito del trabajo es poder disfrutar su vida fuera del trabajo. Si sigue las sugerencias que leyó hasta aquí, decididamente tendrá más tiempo fuera del trabajo. Ahora veamos cómo puede hacer que ese tiempo sea más satisfactorio.

Le presentamos un ejercicio útil que puede hacer todos los días para relacionar los eventos de su vida con el cuadro general. La mayoría de la gente tiende a ver los asuntos financieros y las cuestiones de su carrera como si estuvieran en un mundo propio. Si tenemos un desacuerdo con un supervisor en el trabajo, no establecemos una relación entre eso y otras cosas. No lo relacionamos con un desacuerdo similar con nuestro cónyuge o un amigo íntimo. Si olvidamos pagar la cuenta de la electricidad, no relacionamos eso con otra cosa que puede habernos estado preocupando. Lo más importante es que no vemos cómo eventos aparentemente menores pueden ser, en realidad, señales con información significativa.

Este ejercicio está diseñado para remediar esa falta de visión de las relaciones entre las cosas. Al final de cada día de trabajo, hágase una sola pregunta: "¿Qué descubrí?".

Escriba la pregunta y respóndala también por escrito. El mejor momento para hacer esto es cuando esté listo para terminar el día laboral, porque quiere que esto se centre específicamente en lo que descubrió en el trabajo, mientras hacía lo que sea que hace para ganarse la vida. La gente tiende a separar esta área de las otras partes de su vida, de las relaciones más obviamente emocionales con la familia y los amigos, por ejemplo. Pero esto también es la base para convertirse en una persona con clase. Por lo que haga un esfuerzo para ver su día laboral no solo como una cuestión de dinero. ¿Qué descubrió en su trabajo en las últimas ocho o diez horas? ¿Cuáles fueron sus mensajes y cómo puede relacionarlos con el cuadro más general de su vida?

Su respuesta puede tomar muchas formas. Puede ser una lección práctica o puede ser algo mucho más espiritual. Es lamentable cuando la gente atraviesa su vida con una sensación nebulosa de sus sueños y metas, pero ignora la relación entre esas metas y lo que sucede todos los días. Por lo que escribir lo que descubrió es una buena manera de establecer esas relaciones y es un paso importante hacia ser una persona inolvidable. Este ejercicio decididamente lo hará avanzar en ese sentido.

Al llegar al final de este libro no solo ha mostrado un sincero interés en convertirse en una persona con clase, también ha demostrado que en muchos aspectos ya lo es. En nombre de toda la organización Dale Carnegie, espero que estos capítulos se demuestren útiles para usted e incluso le resulten inolvidables. Que lo ayuden a convertirse en la persona próspera y totalmente realizada que merece ser.

EPÍLOGO

Hay un tema único y unificador que recorre toda la obra de Dale Carnegie: La vida es lo que uno hace de ella. No importa lo que haya en su pasado o su futuro, usted está en control de cómo responder ahora mismo. Todo se reduce a las elecciones que hace cada día y en cada momento.

Para ayudarlo a adoptar las mejores decisiones para usted y para todos los que lo rodean, al cerrar le presentamos algunas citas de Dale Carnegie.

Si tiene un problema que lo preocupa, haga tres cosas: Primero, pregúntese: "¿Qué es lo peor que podría pasar?". Segundo, prepárese para aceptar ese resultado si tiene que hacerlo. Tercero, con calma, proceda a mejorar a partir de lo peor.

¿Por qué una cosa simple como mantenerse ocupado ayuda a eliminar la ansiedad? Es debido a las leyes más fundamentales de la psicología: que es totalmente imposible para cualquier mente humana, no importa lo brillante que sea, pensar en más de una cosa en cualquier momento dado.

La fatiga es causada más a menudo no por el trabajo sino por la preocupación, la frustración y el resentimiento.

Ni todos los hombres del rey pueden recomponer el pasado. Por lo que recordemos que no hay que tratar de serruchar aserrín.

No se preocupe por nimiedades. No permita que cosas pequeñas le quiten su felicidad.

Imponga una orden de "cortar las pérdidas" a sus preocupaciones. Decida cuánta ansiedad vale una cosa y niéguese a otorgarle más que eso.

Use la ley de promedios para ilegalizar sus preocupaciones. Pregúntese: "¿Cuáles son las probabilidades de que esto llegue a pasar?".

Conozca los hechos. No intentemos resolver nuestros problemas sin primero conocer todos los hechos de modo imparcial.

Una máxima legal bien conocida dice de minimis non curat lex, *"la ley no se ocupa de nimiedades" y tampoco debemos hacerlo nosotros si queremos tener paz de espíritu.*

Cuando aceptamos lo peor, no tenemos nada que perder. ¡Y eso significa automáticamente que tenemos todo por ganar!

¿Recuerda las cosas que le preocupaban hace un año? ¿Cómo resultaron? ¿No desperdició mucha energía inútilmente en la mayoría de ellas? ¿La mayoría de las cosas no resultaron bien finalmente?

Si fuera a leer todo lo que ha sido escrito sobre la preocupación por los grandes filósofos del universo, nunca leería nada más profundo que "Cruzaremos ese puente cuando lleguemos a él" y "No hay que llorar por leche derramada".

Si tiene preocupaciones, no hay mejor manera de eliminarlas que caminar. Lléveselas a caminar. ¡Pueden cobrar alas y volar!

Si no puede dormir, levántese y haga algo en vez de quedarse acostado y preocupado. Es la preocupación lo que lo afecta, no el sueño.

Dedique a su problema toda la reflexión que pueda antes de llegar a una solución. Pero cuando la cuestión está resuelta y se termina, no se preocupe para nada.

Si no podemos tener todo lo que queremos, no permitamos que la preocupación y el resentimiento envenenen nuestros días. Seamos buenos con nosotros mismos. Seamos filosóficos. Y la filosofía según Epícteto se reduce a esto: "La esencia de la filosofía es que un hombre debiera vivir de modo que su felicidad dependa lo menos posible de cosas externas".

Ponga una GRAN, amplia, honesta sonrisa en su rostro, estire los hombros hacia atrás; respire profundo y cante algo de una canción. Si no sabe cantar, silbe. Si no sabe silbar, tararee. ¡Pronto descubrirá que es físicamente imposible continuar deprimido si actúa los síntomas de estar radiantemente feliz!

Mientras odiamos a nuestros enemigos, les damos poder sobre nosotros: poder sobre nuestro sueño, nuestro apetito, nuestra presión sanguínea, nuestra salud y nuestra felicidad. ¡Nuestros enemigos bailarían de felicidad si solo supieran cómo nos preocupan, nos laceran y nos castigan! Nuestro odio no los afecta en lo más mínimo, pero nuestro odio convierte nuestros días y nuestras noches en un infierno.

Si usted y yo no nos mantenemos ocupados —si nos quedamos sentados cavilando—, pariremos toda una manada de lo que Charles Darwin solía llamar los wibber-gibbers. *Los* wibber-gibbers *no son otra cosa que los viejos espantajos que nos dejarán vacíos y destruirán nuestro poder de actuar y nuestra voluntad.*

Alrededor del 90 por ciento de las cosas en nuestras vidas están bien y alrededor del 10 por ciento están mal. Si queremos ser felices, solo tenemos que concentraron en el 90 por ciento que está bien e ignorar el 10 por ciento que está mal. Si queremos estar preocupados y amargados y tener úlcera estomacal, todo lo que tenemos que hacer es concentrarnos en el 10 por ciento que está mal e ignorar el 90 por ciento que es glorioso.

SOBRE EL AUTOR

DALE CARNEGIE nació en 1888 en Missouri. Escribió su famoso libro *Cómo ganar amigos e influir sobre las personas* en 1936, un hito que consolidó la rápida extensión de sus valores centrales por todo Estados Unidos. En la década de 1950 creó la Dale Carnegie Training tal como existe hoy. Dale Carnegie falleció poco después, en 1955, dejando su legado y un conjunto de principios básicos que serían diseminados a lo largo de las décadas.

Hoy, la Dale Carnegie Training se asocia con corporaciones medias y grandes, así como organizaciones, para producir resultados de negocios mensurables, mejorando el desempeño de los empleados con el énfasis puesto en el liderazgo, las ventas, las relaciones entre miembros de equipos, el servicio al cliente, las presentaciones, la mejora de procedimientos y otras capacidades gerenciales esenciales. Identificada recientemente por el *Wall Street Journal* como una de las veinticinco franquicias de más alto desempeño, los programas de la Dale Carnegie Training están disponibles en más de veinticinco idiomas en todo Estados Unidos y más de ochenta países. Incluye entre sus clientes a cuatrocientas de las quinientas compañías de Fortune. Aproximadamente siete millones de personas han conocido la capacitación de Dale Carnegie. Para más información, por favor visite www.dalecarnegie.com.

Cómo hacerse inolvidable de Dale Carnegie
se terminó de imprimir en julio de 2018
en los talleres de
Impresora Tauro S.A. de C.V.
Av. Plutarco Elías Calles 396, col. Los Reyes,
Ciudad de México